电子商务物流：
创新与实践

郭　涛　宁文宇　蔡霭婷　◇著

中国商业出版社

图书在版编目（CIP）数据

电子商务物流：创新与实践 / 郭涛，宁文宇，蔡霭婷著. -- 北京：中国商业出版社，2024. 8. -- ISBN 978-7-5208-3077-5

Ⅰ. F713.36；F252

中国国家版本馆 CIP 数据核字第 2024BH9707 号

责任编辑：王　彦

中国商业出版社出版发行

（www.zgsycb.com　100053　北京广安门内报国寺 1 号）

总编室：010-63180647　编辑室：010-63033100

发行部：010-83120835 / 8286

新华书店经销

廊坊市博林印务有限公司印刷

*

710 毫米 ×1000 毫米　16 开　12.75 印张　212 千字

2024 年 8 月第 1 版　2024 年 8 月第 1 次印刷

定价：58.00 元

* * * *

（如有印装质量问题可更换）

作者简介

郭涛，男，南昌大学物流工程专业，硕士，讲师，在读博士。主要研究方向物流管理、电子商务；主要研究成果：江西省级现代物流专业群、省级电子商务专业教学资源库主要参与人，参与国家行业标准制定一项，获得2022年江西省教学能力大赛二等奖，主持省级课题三部，参与省级重点课题两部，参与省级课题十余部，参编教材两部，并发表十余篇论文。

宁文宇，女，共青科技职业学院，高职讲师，毕业于广西大学，硕士研究生，研究方向：物流管理。发表论文十余篇，主持参与省级课题六项，多次指导学生参加国家省市区比赛，获"优秀指导老师"荣誉称号。

蔡霭婷，女，中共党员，博士。现就职于共青科技职业学院，任电子商务专业老师；发表核心论文两篇。

前　言

　　《电子商务物流：创新与实践》一书，全面解析了电子商务物流领域的创新趋势和实践经验。首先，本书从电子商务与物流的融合出发，深入探讨了供应链管理与电子商务的紧密联系，同时详细阐述了电子商务物流系统的构建、订单处理与配送策略，以及仓储管理和物流网络的规划。其次，书中还重点介绍了物流信息技术的应用、货物跟踪与监控等关键内容，为读者提供了丰富的实践案例和解决方案。最后，本书展望了电子商务物流的未来发展方向，揭示了技术创新对行业的重要影响。这本书是电子商务物流从业者、研究人员和管理者的必备参考，有助于他们深入了解市场动态，把握行业趋势，推动电子商务物流领域的持续创新与发展。

目录

第1章　电子商务物流概述

电子商务物流是指通过互联网技术及相关信息系统，实现商品从生产商到消费者之间的流通、交接和配送的一种新型物流业务。它是电子商务的重要组成部分，旨在推动物流行业的创新发展。电子商务物流利用网络平台和信息技术，通过多种物流方式配送商品，实现订单的处理、物流的追踪、配送的跟踪和用户的签收等一系列服务。它旨在通过运用信息技术，提升物流效率，改善用户体验，并为物流供需双方提供高效达成交易的机会。

电子商务物流的特点在于其信息化、现代化和社会化，它整合了商品的运输、仓储、包装、搬运装卸、流通加工以及相关的物流信息等各个环节，形成了具有特定功能的有机整体。通过电子商务物流，物流公司能够在更大范围内被货主客户找到，从而在全国甚至世界范围内拓展业务。同时，贸易公司和工厂也能更快捷地找到性价比最适合的物流公司。

电子商务物流的运作过程中，实现了广告、订货、购买、支付、认证等环节事务处理的虚拟化、信息化，它们是能够脱离实体而在计算机网络上处理的信息，继而又将信息处理电子化，强化了信息处理，弱化了实体处理。这种变革必然导致产业重组，物流业成为社会生产链条的领导者和协调者，为社会提供全方位的物流服务。

电子商务与物流的融合

电子商务与物流的深度融合不仅意味着商业模式的创新与升级，更代表着产业链的高效整合与资源的优化配置。电子商务的迅猛发展，为物流行业带来了前所未有的机遇与挑战，而物流的现代化与智能化又反过来促进了电子商务的进一步繁荣。两者的融合，不仅提高了商业交易的效率和便捷性，降低了运营成本，还为消费者带来了更为丰富和个性化的购物体验。这种融合，正逐步改变着商业生态和消费模式，引领着现代商业发展的新潮流。

一、电子商务与物流的内涵

（一）电子商务的内涵

深入来看，电子商务是以信息网络技术为主要操作手段，以商品交换为核心目的。它不仅是一个简单的买卖过程，更是涉及多个环节和多种技术的复杂商业活动。电子商务师会利用计算机技术、网络技术等现代信息技术，进行商品信息的发布、交易撮合、支付结算、物流配送等一系列操作，确保商务活动的顺利进行。在形式上，电子商务展现了多种模式。① B2B 模式，即企业与企业之间的交易，通常涉及大宗商品的买卖和供应链的整合；② B2C 模式，即企业直接面向消费者销售，如大家常见的网上商城；③ C2C 模式，消费者与消费者之间的交易，如二手商品交易平台；④ O2O 模式，线上与线下的结合，如在线上预订线下服务或商品。这些模式各有特点，满足了不同主体在商业活动中的多样化需求。

电子商务的特点也十分显著。它极大地提高了交易的方便性，人们不再受地域限制，可以随时随地进行购物或交易。电子商务具有整体性，能够规范事务处理流程，优化资源配置，提高人力和物力的利用率。安全性是电子商务不可忽视的一环，网络需要提供端到端的安全解决方案，保护交易双方的权益和数据安全。电子商务还需要多个部门的通力协作，如银行、物流、通信等部门，以确保整个交易过程的顺利进行。

（二）物流的内涵

物流（logistics）原意为"实物分配"或"货物配送"，是供应链活动的一部分，是为了满足客户需要而对商品、服务消费以及相关信息从产地到消费地的高效、低成本流动和储存进行的规划、实施与控制的过程。具体来说，物流包括商品的运输、服务、配送、仓储、包装、搬运装卸、流通加工，以及相关的物流信息等环节。物流活动的具体内容包括用户服务、需求预测、订单处理、配送、存货控制、运输、仓库管理、工厂和仓库的布局与选址、搬运装卸、采购、包装、情报信息等。这些环节紧密相连，共同确保物流过程的顺畅和高效。物流活动的核心目标是实现商品的快速、准确、低成本流动，以满足客户的需求。通过合理的运输方式选择、仓储管理、配送安排以及信息技术的应用，物流能够确保商品在供应链中的流通顺畅，减少成本和时间浪费，提高整体运营效率。物流在现代经济中扮演着至关重要的角色。随着电子商务的快速发展和全球化的趋势，物流行业得到了迅速的发展。物流不仅是商品流通的保障，更是连接生产和消费的重要纽带。通过高效的物流管理，企业可以提高客户满意度，降低运营成本，增强市场竞争力。物流是一个涉及多个环节的复杂系统，通过合理地规划和实施，能够确保商品从产地到消费地的高效流通，满足客户需求，并为企业创造更大的价值。

（三）电子商务与物流的关系

在电子商务运营过程中，必须有现代物流做保证。而现代物流的基础是信息化，是网络运营。因此，现代物流必然要与电子商务融合，现代物流是电子商务运作的重要组成部分。电子商务＝网上信息传递＋网上交易＋网上结算＋物流配送＝鼠标＋车轮。电子商务的整个运作过程是信息流、商流、资金流和物流的统一，其优势体现在信息资源的共享和运作方式的高效快捷上。电子商务网上交易，毕竟是"虚拟"经济过程，最终的资源配置还需要通过商品实体转移来实现。物流实际上是以商流的后续者和服务者的姿态出现的，物流配送效率也就成为客户评价电子商务满意度的重要指标。现代物流是电子商务实现"以顾客为中心"理念的最终保证，是增强企业竞争力的有效途径。电子商务使消费者只需坐在家里，在互联网上搜索、查看、挑选，就可以完成整个购物过程。缺少了现代物流，电子商务给消费者带来的购物便捷等于零，消费者必然会转向其他购物方式。因此，现代物流的好坏，直接决定电子商务企业的定价、交货期、服务质量等各方面的竞争力。电子商务推进了现代物流的发展。我国物流管理技术已相当完善，电子信息交换技术（EDI）的运行过程简化了烦琐、耗时的订单处理作业，加快了物流的速度，提高了物流资源的利用率。电子商务的出现，不仅提高了信息流和货币流的流通速度，也提高了现代物流的流通速度。电子商务的发展保证了物流企业的利润。以网络为平台的信息流，极大地加快了现代物流信息的传递速度，为客户赢得了宝贵的时间，使货物运输环节和方式更加科学。以快节奏的商流和信息流为基础的现代物流，能够有效地减少流动资金的占压，加速了资金的周转，充分发挥了资本的增值功能，是继企业节约原材料、降低物耗、提高劳动生产率之后的又一利润增长点，也是物流企业利润增长的基础。

二、电子商务与物流的融合实践

（一）电子商务与物流的融合模式及特点

1. 融合模式

以电子商务为主体的现代物流，就是网络化、信息化的物流。它是物流企业采用先进科技手段和管理方法，按照用户要求，对商品进行分类、编码、配货等理货工作，定时、定量地交给各类客户，满足其对商品的要求。由于市场竞争日趋激烈，企业利润逐渐由节约成本的"第一利润源泉"、提高劳动生产率的"第二利润源泉"发展至建立高效的物流系统的"第三利润源泉"。它突出表现在物流技术和物流管理专业性上，这就是当前基本物流模式—"第三方物流"。所谓"第三方物流"，就是成立专门的公司，完成生产企业全部或部分物料管理和产品配送职能。这种物流模式降低了成本。虽然物流业务外包直接表现为物流费用的外部支出，但可促进企业总的经营成本的降低。这是因为，物流企业处于竞争之中，各企业为了保证自己的客户不流失，必须加快物流速度，提高物流质量和效率，加上第三方物流企业具有规模经营优势，极大地提高了各种物流资源的利用率，从而降低了物流成本和生产企业物流业务外包的费用，减少投资，降低风险。一般来说，物流设施、设备和信息系统投资额巨大，它占用了企业用于核心业务的资源。将物流业务外包给第三方物流公司，可以减少对物流设施的投资，从而降低了企业财务风险。推动企业发展核心业务。随着市场的不断细分，物流业务外包后，企业可以将精力专注于核心业务，从而提高了企业经营核心业务的能力。

2. 融合的特点

与传统物流相比，现代物流与电子商务融合后，具有以下几个特点。①物流信息化，物流信息化表现为物流信息的商品化、物流信息收集的数据库化、信息处理的电子化和信息传递的实时化等。②设备自动化，设备自动化不仅省时省力，而且可以扩大物流作业能力、提高劳动生产率，减少物流作业环节。物流自动化包括条码（语音、射频）自动识别系统、自动分拣系统、自动跟踪系统等。③决策智能化，这是物流自动化、信息化的高层次应用。物流作业智能化包括库存水平的确定、最佳运输路径的选择、自动导向车的运行轨迹和作业控制、自动分拣机的运行、物流配送中心经营管理决策支持系统等。在物流自动化进程中，物流决策智能化是核心。当前，物流决策智能化已成为电子商务环境下物流发展的新趋势。④作业柔性化，它是指"以客户为中心"根据消费者需求变化，灵活调节生产工艺的一种生产方式。企业要真正做到柔性化制造，没有配套的柔性化物流系统是不可想象的。柔性制造系统、计算机集成制造系统、企业资源计划以及供应链管理，这些技术的应用，要求物流企业也实现柔性化改造。

（二）电子商务与物流的构成模式

电子商务与物流的融合，降低了物流成本，提高了运行效率，同时实现了系统之间、企业之间以及资金流、物流、信息流的无缝连接，帮助物流企业最大限度地控制和管理库存。

电子商务中的任何一笔交易，都包含着以下几种基本"流"，即信息流、商流、资金流和物流。前三种"流"的处理都可以通过计算机和网络通信设备实现。物流，作为四"流"中最特殊的一种，除数字化产品可直接通过网络传输以外，其他商品和服务仍要经物理方式传输。由于一系列机械化、自动化工具的应用，准确、及时的物流信息和对物流过程的监控，提高了物流的速度和准确率，有效地减少了库存，缩短了物流周期。

物流信息门户网站的建立是定位于物流信息交易市场，以互联网为媒介建立的新型物流信息系统。它可以将企业或货主需要运输的物流信息及运输公司可调动的车辆信息上网确认，双方签订运输合同，即货主将要运输的货物的种类、数量及目的地等上网，运输公司将其现有车辆的位置及可承接运输任务的车辆信息通过互联网提供给货主，依据这些信息，双方签订物流合同。物流门户网站的功能，主要包括信息查询、发布、竞标，以及行业信息、货物保险、物流跟踪、路况信息、全球定位系统（GPS）应用等。物流企业门户网站，即物流企业的电子商务网站。"它的特点是通过与供应链伙伴共享数据、知识和信息，利用信息技术完成物流全过程的协调、控制和管理，实现从网络前端到最终客户所有中间过程的服务。"它能够实现系统之间、企业之间以及资金流、物流、信息流之间的无缝连接。这种连接同时还具备预见功能，可以在上下游企业间提供一种透明的可见性功能，帮助企业最大限度地控制和管理库存。同时，由于全面应用了客户关系管理、商业智能、GPS 定位等先进的信息技术手段，以及动态监控、仓储优化配置等物流管理技术，从而形成了一套先进的物流管理系统，为建立快速的供应链系统提供了可靠的技术支持。

（三）电子商务与物流融合发展的有效途径

电子商务作为一项新的技术应用，对物流行业的发展产生重要的影响，需要对信息技术进行有效的应用，从而开拓出有效的融合方式。其中就包含仓储业务上的有效融合。

建立仓配一体化的业务服务平台，对于国内外的快递企业，进行联合经营，通过建立仓储中心的模式，实现物流和电子商务的全面融合。在国内选择合理的中心城市，可以按照地理区域的分布，在东南西北等各个区域位置建立仓储物流中心。吸引国内外等众多商家的关注，通过建立电子商务平台的方式，集合众多商家提前存储产品到仓储物流中心。在用户下单之后，按照地理区域进行分配，在短时间内便可以实现拣货、制单并且配送，第一时间配送到客户的手中，提高物流的效率。

物流企业还可以收购的方式，直接经营电子商务企业的仓储中心。可以建立独立的仓储中心，应用自身专业化的物流服务，为电子商务的运营提供高水平高质量的物流服务，在分拣、配货以及发货等各个环节的合作与协商，实现快递公司与电子商务的全面融合。而增值业务中的融合也是全面融合的有效途径。在代收货款业务的发展中，对快递公司的业务人员提出了越来越高的要求，对于有过违规行为的人员，坚决不能任用。对于客户，要出具专用发票和收款凭证等。业务人员要具备良好的素质和信用诚信度，对代收来的货款要严格监督管理。

应当保障电子商务与物流融合发展中的有效门槛，利用专业化的电子监管平台进行监管。在反向物流方面，可以实施个性化的服务，电子商务和物流的融合，可以根据客户的实际需求，提供灵活性的配送时间，也可以为客户提供"试用""试穿"等增值性的服务。提高快递企业在运营和管理方面的效率和质量。另外，还要建立统一电商平台实现电子商务和物流的融合。具体来讲，可以根据电商发展的规模，与物流产业链进行结合。

根据各自不同的优势，建立统一化的业务平台，实现多种贸易主体的融合。例如可以构建适用于全球的电子商务平台，将国内电商业务、跨境电商以及跨境电商中的通关、税收和物流等各方面的信息都进行有效地整合，实现统一化的资源配置。根据电商平台上的有效数据变化，实现物流管理供应链各个环节的电子化、集成化管理，针对客户的实际需求快速做出物流服务方面的反应，将电子商务物流进行全面的普及和应用，进而提高电商物流的效率。同时，借助第三方企业、行业协会以及相关政府机构的力量，对平台进行监管，实现电商平台的有序运行。

电子商务物流打破了物流行业发展在区域方面的限制，开辟了全新的网上物流业务。但是，作为两种不同的行业业务形式，二者之间的融合受到时间和成本等方面的限制。因此，必须采取有效的措施进行解决。从配送业务、增值业务到构建电商平台等方面的融合发展措施，对于推动电子商务和物流产业的融合，都具有一定的借鉴和促进作用。

（四）融合过程中的技术创新与应用

信息技术在融合过程中起到了基石的作用。例如，EDI 技术的运用，使得电商企业、物流企业和相关供应链伙伴之间的信息流通变得迅速而准确。这不仅极大地提高了信息处理的效率，而且显著提高了物流服务的质量。

当订单信息能够实时、无误地在各个环节传递时，物流的延误和错误率自然大大降低。云计算和大数据技术的引入，更是为电商物流行业带来了翻天覆地的变革。通过云计算，海量的数据得以集中存储和处理，为电商企业提供了弹性、可扩展的计算能力。而大数据分析则帮助企业更深入地了解市场动态、消费者行为和运营效率，从而实现更加精细化的运营和管理。智能化技术同样不可或缺。物联网（IoT）技术让每一件商品都能被实时追踪和监控，极大增强了物流信息的透明度。这不仅提升了消费者的购物体验，也让企业能够更精确地掌握货物的状态和位置，从而做出更快速的决策。人工智能（AI）技术则进一步优化了资源配置。

通过机器学习和数据分析，AI 能够预测货物需求、优化库存管理和配送路线，甚至自动处理一些客户服务和售后问题。自动化技术也为电商物流带来了巨大的便利。自动化仓储系统通过机器人和自动化设备，大大提高了货物的存储、拣选和打包效率。无人配送车、无人机等新型配送方式，更是在"最后一公里"配送中展现了极高的效率和便捷性。

供应链平台让各个环节的合作伙伴能够更紧密地协作，实现资源的优化配置。区块链技术则为这一协同过程提供了不可篡改的数据记录和验证机制，大幅提升了供应链的透明度和可信度。这些技术创新共同推动了电商与物流的紧密融合发展。它们不仅提高了运营效率和服务质量，也为消费者带来了更好的购物体验。

（五）融合带来的商业价值与社会效益

通过融合，企业可以实现实时数据共享和协同作业，从而优化订单处理、库存管理、配送等环节，提高整体运营效率。例如，电子商务平台可以根据实时库存数据调整销售策略，而物流公司可以根据订单信息提前规划运输路线，减少等待和空驶时间。

融合模式使得企业能够更精确地掌握物流信息，减少库存积压和浪费，从而降低库存成本。同时，通过优化配送网络和提高运输效率，企业还可以降低运输成本。这些成本的降低为企业开辟了更多的利润空间。电子商务与物流的融合使得企业能够提供更准确、更及时的物流信息，提高客户满意度。客户可以实时查询订单状态、预计送达时间等信息，减少等待焦虑。同时，快速、准确的配送服务也为客户带来了更好的购物体验。融合模式使得企业能够突破地域限制，实现线上线下的无缝对接。通过电子商务平台，企业可以将产品销往全国乃至全球各地，拓展市场渠道。同时，物流服务的完善也为企业在偏远地区开展业务提供了可能。相关产业链的就业需求不断增加促进了人才的培养。从电商平台运营、物流配送到仓储管理等多个环节，都需要大量的专业人才来支撑。这不仅为社会创造了更多的就业机会，也为劳动者提供了更多的职业选择。

融合模式促进了电子商务与物流行业的深度融合，推动了相关产业的升级和转型。传统的物流行业通过引入信息技术和智能化设备，实现了向现代化、智能化方向的转变。同时，电子商务企业也通过优化供应链管理和提升服务水平，提升了自身的竞争力。融合模式使得资源在电子商务与物流之间实现了更加高效的配置。通过共享信息和协同作业，企业可以更准确地把握市场需求和供应情况，从而优化生产计划和库存管理。这有助于减少资源浪费和环境污染，实现可持续发展。电子商务与物流的融合使得商业活动更加便捷、高效。消费者可以随时随地通过网络购买商品，享受快速、准确的配送服务。同时，企业也可以通过电子商务平台快速响应市场变化和客户需求，提高运营效率和市场竞争力。这些变化提高了整个社会的商业效率和生活品质。

电子商务与物流的融合为商业发展注入了新的活力，带来了丰厚的商业价值和很好的社会效益。然而，大家也应看到，在融合过程中仍面临着一些挑战和问题，如信息安全、隐私保护、法规政策等。因此，人们需要加强相关研究和探索，不断完善融合模式，推动其健康发展。随着技术的不断进步和市场环境的变化，电子商务与物流的融合将呈现更加深入和广泛的发展趋势。我们可以预见，未来的商业领域将更加智能化、绿色化、全球化，为社会贡献更多的创新和价值。同时，政府、企业和社会各界也应加强合作与沟通，共同推动电子商务与物流融合的深入发展，为构建更加繁荣、和谐的社会贡献力量。

电子商务物流市场趋势与挑战

随着电子商务行业的蓬勃发展，电子商务物流市场也迎来了空前的繁荣与机遇。然而，这种快速的增长同样一系列前所未有的挑战。在这个日新月异、变革不断的时代，企业必须敏锐洞察市场动态，才能紧跟时代步伐。智能化技术、绿色物流理念以及跨境电商的崛起，每一个新动向都孕育着巨大的商业机会，但也带来了更多的不确定性和复杂性。要想在激烈的市场竞争中占据一席之地，电子商务物流企业就必须不断探索、创新，以应对这些新兴趋势带来的种种考验。这是摆在每个从业者面前的重要挑战。

一、电子商务物流市场趋势分析

在电子商务迅猛发展时期，买卖双方的交易模式发生了根本转变，网络交易的发展打破了原本的传统交易模式，推动了经济的高效发展，在这样的大背景下，我国的物流业发展也呈现出许多新的发展趋势。

功能的多样化。电子商务物流的集约化发展更多地体现在一体化上，即将仓储、运输、配送等一系列服务整合起来开展综合性服务项目。这些项目主要集中在配货、配送等流通加工服务上，是为了提高服务的附加值和质量，而这一切的服务是以客户为中心，以服务客户为标准，将整个供应链和服务链形成一种可增值的产品。这不仅是一种持久的市场竞争力和市场竞争优势，而且在降低成本和实现公司长远战略目标方面都有很大的促进作用。这种功能多样化的物流有利于物流企业的高效运转以及节约综合成本，提高了企业的综合效益。

　　服务柔性化。电子商务环境下，物流是处于购货方和供货方之间的第三方，首要宗旨是服务，面对消费者需求的个性化与多样化，物流需求呈现出品种多、频次高、批量小的特点，订货的周期缩短，时间性加强，提高了物流需求的不确定性，这就要求电子商务物流朝着柔性化方面发展。物流柔化性是指以顾客的物流需求为中心思想，对顾客的需求做出快速而准确的反应，能够及时调整物流作业的方向，节约物流的综合成本。

　　电子商务物流重视提供顾客所需要的服务，不断追求自身交易最大化，也突出其形成与竞争企业服务的差别与优势，以顾客满意度为衡量标准。并强调关注客户体验，如根据客户要求，在特定的时间段送达货物便是这种服务柔性化的表现。配送中心派人到生产企业"驻点"，从生产商处直接为客户发货，缩小双方成本。越来越多的生产企业委托物流配货中心开展物流服务，物流配送中心的工作已延伸到生产企业，这样既节约了成本，又能满足客户需求。满足客户的需要把货物送达客户手中，关键在于配送中心的服务水平。配送中心不仅与生产企业保持紧密联系，而且直接与客户联系，这样才能及时了解客户的需求，最大限度地满足客户的要求，成为沟通生产企业和客户双方的桥梁，使物流高度信息化与自动化。

　　提供更快、更高质量的服务是当今电子商务物流企业更好地存活于市场的根本，而拥有快速的信息传输和处理系统则是整个物流系统提高服务质量的保证。物流信息化表现为物流信息的商品化、物流信息存储的数字化、物流信息处理的电子化和计算机化、物流信息收集的数据库化和代码化、物流信息传递的标准化和适应化等。而为了提高物流效率，还应提高物流管理流程的自动化，其主要与管理技术手段相关，如自动化立体仓库、自动分拣系统、自动导引搬运车、自动控制技术等。物流企业的自动化水平提升能够有效提高配送效率，缩短配送时间，降低配送成本，提升自动化水平是未来物流企业竞争的一大特点。以人为本的服务理念，任何企业的发展都必须以人为本，承担该有的社会责任。

　　如今企业发展与环境保护日益成为热点话题，许多企业因自身的扩大发展而不考虑对环境的保护，对环境肆意破坏，缺乏作为一个企业该有的担当与责任。因此，电商物流的发展应贯彻绿色发展的理念，实现物流企业的可持续发展。只有这样，企业才能在激烈的竞争中脱颖而出，提升其社会形象，获得良好的口碑与好评。

二、电子商务物流面临的挑战

（一）市场竞争的加剧

电子商务平台的数量在持续增长，而消费者在选择购物平台时，会考虑平台的知名度、商品的多样性、价格的合理性以及服务的优质程度等因素。这种选择多样性要求电子商务平台必须不断提升自身竞争力，才能在市场中占有一席之地。

消费者需求也在不断变化和升级，他们追求更加个性化、便捷和高效的购物方式。因此，电子商务平台必须不断创新，提供更加符合消费者需求的产品和服务，以赢得他们的青睐。全球经济环境的变化也为电子商务市场的竞争带来了不确定性。贸易政策变化、汇率波动、市场竞争格局等因素都可能对电子商务平台产生直接或间接的影响，增加了市场竞争的复杂性和不确定性。面对这一挑战，电子商务平台需要积极应对。一方面，加强品牌建设，提升其知名度和美誉度；另一方面，优化商品供应链，提高商品质量和服务水平，吸引和留住消费者。同时，加强技术研发和创新，推出新的功能和服务，满足消费者的多样化需求。近年来，电子商务领域面临着市场竞争加剧的挑战，只有通过不断创新和提升自身竞争力，电子商务平台才能在市场中立于不败之地。

（二）消费者隐私保护与信息安全

消费者隐私权保护意识不强。大多数消费者不知道保护自己的个人信息或者不知道怎样保护自己的个人信息。很多情况下，他们并不知道哪些信息是可以被保护的、应该被保护的或者必须被保护的，他们不清楚自己拥有什么样的权利。消费者提交的信息具有随意性，没有意识到提交某些信息会对自己造成不利影响，比如 MSN 账号、个人手机信息、联系方式等都随意地就提交了。不善于利用已有的保护措施，很多时候，网站已经为消费者提供了保护措施，但他们并没有意识到这一点，更多时候只是依据默认选项，这很可能将对个人权益造成伤害。

消费者隐私权保护技术存在不足。虽然现在的网络安全保护技术越来越先进了，但还存在不足之处。数字签名技术、防火墙技术、入侵检测系统、信息加密技术、安全认证技术、防病毒系统等，这些技术或方法在很大程度上降低了电子商务中消费者隐私受侵犯的概率。技术毕竟只是工具，它的改进具有两面性，即先进的技术可以用来保护电子商务中的消费者隐私，也有可能会被用来侵犯消费者隐私。所以，先进的技术只能完善和加强对电子商务中消费者隐私权的保护。

消费者隐私权法律保护不足。在实践中，我国通常把隐私权纳入名誉权的范畴予以保护，对隐私权采用间接保护方法，所以当公民的隐私权受到侵犯时，受害人不能以侵犯隐私权作为独立的诉因诉诸法院请求法律保护，而只能以其他诉因提起诉讼，很不利于受害人隐私权的保护。名誉权所关注的是，与民事主体名誉有关的事实表述是否真实及评价是否适当，而隐私权所关注的则是民事主体的私人生活安宁及私人信息秘密不被侵犯。同时，侵犯隐私权行为的构成要件与侵犯名誉权行为的构成要件也不尽相同，若对侵犯隐私权行为的构成以是否给名誉权造成侵害为前提，则很大一部分侵犯了他人隐私权但并未对他人名誉权造成侵害的行为难以受到应有的处罚，这就从本源上降低了民法保护隐私权的效力。虽然我国法律已经开始重视隐私权的保护，但没有一部法律直接将"隐私权"写进法律条款中，也没有具体规定隐私权的内容和侵犯隐私权行为的方式。隐私权保护的法律体制不完善直接导致了网络隐私权、电子商务中消费者隐私权法律保护的缺陷。

网络伦理道德宣传与教育不足。从字面上看，我们可以将网络伦理道德解释为存在于网络虚拟世界的伦理道德，是现实世界的伦理道德在网络世界中的延伸。通过网络这种媒介，网络行为主体的表现通常与现实生活中的大不相同，这主要是由网络特性所决定的。人们在网络世界中可以毫无拘束地发表言论、行事等，这种"无拘束"致使消费者隐私权受到了一定程度的侵犯。因而，在网络时代，广大网民的网络伦理道德意识还十分薄弱，这主要是由网络伦理道德的教育与宣传不足而导致的。

三、电子商务物流应对策略

（一）提升服务质量与消费者体验

优化购物流程是提升消费者体验的基础。消费者在进行网购时，往往希望过程简单、快速且顺畅。因此，电商企业需要对购物流程进行持续优化，减少不必要的操作步骤，提高网站的响应速度和稳定性。这包括确保网站界面清晰易用、搜索功能精准高效、支付流程安全便捷等。只有当消费者能够轻松完成购物时，他们才会对电商平台产生好感，并愿意再次光顾。

提供个性化服务是提升服务质量的关键。在大数据和人工智能技术的支持下，电商企业可以收集和分析消费者的购物数据，了解他们的兴趣、偏好和需求。基于这些数据，企业可以为消费者提供个性化的商品推荐、定制化的购物方案等，使消费者感受到被重视和关怀。这种个性化的服务不仅能够提高消费者的满意度，还能增加他们的购买意愿和忠诚度。加强售后服务是提升消费者信任度的重要一环。消费者在购买商品后，往往会遇到一些问题或产生一些疑虑。此时，如果电商平台能够提供及时、专业且有效的售后服务，将极大地增强消费者的信任感。这包括设立专门的客服团队，提供多种联系方式以方便消费者随时咨询；建立完善的退换货政策，确保消费者在权益受损时能够得到及时补偿；提供延保、维修等增值服务，让消费者购物无忧。

提高物流效率也是提升消费者体验的重要手段。消费者购买商品后，都希望尽快收到货物。电商企业需要优化物流配送体系，提高发货速度和配送准确性。这包括选择合适的物流合作伙伴、建立智能化的仓储管理系统、采用先进的配送技术等。只有当消费者能够快速收到商品且质量无损时，他们才会对电商平台产生好感并愿意再次购买。加强信息安全保护也是提升服务质量的重要一环。在电子商务交易中，消费者的个人信息和支付数据是极为敏感的。电商企业需要采取有效的安全措施，确保这些信息不被泄漏或滥用。这包括采用先进的加密技术保护用户数据、建立严格的信息管理制度、定期对系统进行安全检查和漏洞修复等。只有当消费者信任电商平台能够保护他们的信息安全时，他们才会放心地进行购物。

建立良好的品牌形象也是提升服务质量与消费者体验的重要途径。品牌形象是企业在消费者心中的形象和认知。通过提供优质的产品、诚信的服务和良好的口碑，企业可以建立起积极的品牌形象。这将使消费者更加信任企业，愿意选择并推荐该企业的产品和服务。同时，企业还可以通过开展公益活动、参与社会责任项目等方式，提高品牌的社会影响力和美誉度。

（二）加强技术创新与人才培养

技术创新是推动企业持续发展的核心动力。随着科技的快速进步，电子商务行业也面临着日新月异的技术变革。企业要想在竞争中保持领先地位，就必须加强技术创新，不断引入新技术、新应用和新模式。

通过技术创新，企业可以优化购物流程、提升消费者体验、提高运营效率，从而增强市场竞争力。在技术创新方面，企业应关注前沿技术的发展趋势，如人工智能、大数据、云计算等，并结合自身业务特点，探索适合自身发展的技术创新路径。例如，利用人工智能技术优化商品推荐算法，提高个性化推荐的准确性；利用大数据技术挖掘消费者行为数据，为精准营销提供有力支持；利用云计算技术提升系统的稳定性和扩展性，为业务发展提供坚实的技术保障。人才培养是实现技术创新的基础，技术创新需要一支高素质、专业化的技术团队来支撑。因此，企业应重视人才培养，加大投入力度，打造一支具备创新能力和实践经验的技术团队。在人才培养方面，企业可以采取多种措施：一是加强内部培训，通过定期举办技术讲座、分享会等活动，提高员工的技术水平和创新能力；二是引进优秀人才，通过招聘、合作等方式，吸引具有丰富经验和专业技能的优秀人才加入企业；三是建立激励机制，通过设立创新基金、奖励等方式，激发员工的创新热情和积极性。

企业应注重产学研合作，与高校、科研机构等建立紧密的合作关系，共同开展技术研发和人才培养工作。通过产学研合作，企业可以获取最新的科研成果和技术支持，同时可以为高校和科研机构提供实践基地和人才培养平台，实现资源共享和互利共赢。加强技术创新与人才培养需要企业具备前瞻性和战略眼光。企业应密切关注市场动态和技术发展趋势，及时调整技术创新和人才培养策略，确保企业在竞争中保持领先地位。此外，企业还应加强内部管理和文化建设，为技术创新和人才培养提供有力的制度保障和文化支撑。加强技术创新与人才培养是电子商务企业在激烈竞争中脱颖而出的关键。通过加强技术创新，企业可以不断提升自身的技术实力和创新能力；通过人才培养，企业可以打造一支具备高素质、专业化的技术团队。两者相辅相成，共同推动企业的持续发展和竞争优势的提升。

（三）拓展国际市场与合作机会

企业需要优化自身的产品和服务。根据目标市场的消费者需求和文化背景，企业可以调整产品的设计、功能和包装，以更好地满足当地消费者的需求。同时，企业还应关注产品的质量和性能，确保产品在国际市场上具有竞争力。

在拓展国际市场的过程中，建立本地化团队和文化是至关重要的。企业可以通过招聘当地员工、设立本地分支机构或与当地企业合作等方式，更好地融入目标市场，增强与当地消费者的联系和互动。本地化团队和文化有助于企业更好地理解当地市场需求和消费者心理，从而制定更加有效的市场策略。寻求国际合作机会也是拓展国际市场的重要途径。企业可以积极参加国际展览、行业会议等活动，与来自不同国家的企业建立商业联系和合作关系。通过与国际企业合作，企业可以共享资源、技术和市场信息，共同开发新产品和拓展新市场。同时，企业还可以考虑与跨国企业建立战略联盟或合资合作，以获取更多的国际资源和市场份额。

在拓展国际市场的过程中，企业还应关注国际贸易政策和法规的变化。了解国际贸易规则、关税政策、知识产权保护等方面的信息，有助于企业规避潜在的风险和障碍，确保合规经营。同时，企业应积极争取政府支持，如参加政府组织的贸易促进活动、申请出口退税等优惠政策，以降低市场进入成本和提高竞争力。加强品牌推广和营销也是拓展国际市场的重要环节。企业可以通过多种渠道和方式，如广告、公关、社交媒体等，积极推广品牌和产品，提高品牌知名度和美誉度。同时，企业还可以制定有针对性的营销策略，如促销活动、赞助活动等，以吸引目标市场消费者的关注和购买。拓展国际市场与合作机会需要企业在市场调研、产品优化、本地化团队建设、国际合作、贸易政策以及品牌推广等多个方面做出努力。通过制定有效的市场策略并付诸实践，企业可以更好地开拓国际市场，实现业务的全球化发展。

第 2 章　供应链管理与电子商务

电子商务以其独特的魅力和无限的潜力，重塑着商业世界的面貌。供应链管理作为商业活动的"生命线"，在保障企业运营、提高效率和降低成本等方面发挥着至关重要的作用。当供应链管理与电子商务相遇，二者之间的交融与碰撞，不仅带来了商业模式的革新，也为企业带来了前所未有的发展机遇。电子商务的兴起，使供应链管理的边界得以扩展，管理手段得以创新，供应链中的每一个环节都变得更加透明、高效和协同。而供应链管理的优化与升级，又为电子商务提供了更加稳定、可靠和高效的支撑，推动电子商务的快速发展。

供应链的基本概念

供应链是从原材料供应到最终产品销售的复杂网络，它不仅搭建了商品从生产线到消费者的顺畅桥梁，更是推动企业不断优化运营、削减成本、提升效率的关键工具。只有深入剖析供应链的基本概念，详尽解读其构成要素，才能够更加全面地理解它如何精妙地影响企业的整体运营策略。把握供应链在现代商业竞争中的核心地位，理解其如何作为企业成功的关键因素，有助于企业在激烈的市场竞争中脱颖而出。供应链不仅是连接生产与消费的纽带，更是企业优化资源配置、提高市场竞争力的重要支撑。

一、供应链的定义与构成

（一）供应链的定义

供应链是一个由多个参与者协同合作，共同实现从原材料采购、生产制造到最终销售给消费者的全过程，涉及物流、信息流和资金流的复杂网络结构。这个网络结构涵盖了供应商、制造商、分销商、零售商以及最终消费者等多个环节和参与者。

供应链的起点是供应商，他们负责提供原材料和零部件，为制造过程提供必要的物质基础。随后，这些原材料和零部件被送往制造商，他们通过一系列的生产制造活动，将其转化为中间产品或最终产品。制造完成后，产品进入分销环节，分销商负责将产品分发到各个销售渠道，如零售商、批发商等。最终，产品通过销售网络到达消费者手中，形成整个供应链的闭环。在供应链中，物流、信息流和资金流是三个不可或缺的要素。

物流指的是物品在供应链中的流动和存储，包括运输、仓储、包装等环节，确保产品能够按时、按量、按质地到达消费者手中；信息流则是供应链中各个环节之间的信息传递和共享，包括订单信息、库存信息、销售信息等，有助于企业做出准确的决策和及时的调整；资金流则涉及供应链中的资金流动和结算，确保供应链的顺畅运作和各方利益的平衡。

供应链管理的核心目标是实现供应链整体的最优化，提升供应链的效率和竞争力。这就要求企业具备全局观念和协同精神，通过加强供应链各环节之间的沟通与协作，实现资源的优化配置和共同应对风险。同时，企业还需要借助先进的信息技术手段和管理方法，提升供应链的透明度和可视化程度，实现供应链的快速响应和灵活调整。

在现代工业经济中，供应链的稳定性和竞争力对于企业的生存和发展具有重要意义。一个稳定、高效的供应链能够确保企业生产的连续性、市场的稳定性以及消费者的满意度，进而提升企业的竞争力和市场份额。因此，企业需要高度重视供应链的管理和优化工作，不断提升供应链的运作水平和整体效率。供应链是一个涉及多个环节、多个参与者的复杂网络结构，其稳定性和竞争力直接关系企业的生存和发展。加强供应链的管理和优化工作，对提升企业的竞争力和市场地位具有重要意义。

（二）供应链的构成要素

节点企业是供应链中的核心组成部分，它们与上下游企业之间形成了需求与供应的紧密关系。这些节点企业涵盖供应商、制造商、分销商、零售商以及最终消费者等多个环节。它们协同合作，共同实现从原材料采购、生产制造到最终销售给消费者的全过程。每个节点企业都在供应链中发挥着特定的作用，以确保产品能够高效、准确地流向最终消费者。

物流是供应链中不可或缺的一环，它涉及商品在空间和时间上的位移，包括运输、仓储、包装、搬运、保管等环节。通过有效的物流管理，可以确保产品从供应商到最终消费者的顺畅流动，减少库存积压和运输成本，提高供应链的响应速度和灵活性。信息流是指供应链中各个环节之间的信息传递和共享。这包括订单信息、库存信息、销售信息、市场需求预测等。通过有效的信息共享和沟通，供应链中的各个企业可以及时了解市场需求和变化，做出相应的生产和供应调整，确保供应链的平稳运行。同时，信息流也有助于提高供应链的透明度和可视化程度，便于企业进行决策和优化。

资金流是供应链中涉及资金流动和结算的环节。这包括货款支付、信用证、汇票、现金流管理等。资金流的顺畅与否直接影响到供应链的运作效率和企业的经济效益。通过合理的资金管理和结算方式，可以降低供应链中的资金风险，提高资金利用效率，促进供应链的健康发展。这些构成要素相互关联、相互作用，共同构成了供应链的完整体系。在实际运作中，企业需要综合考虑这些因素，通过优化资源配置、加强协同合作、提高信息化水平等手段，不断提升供应链的运作效率和竞争力。此外，供应链的稳定性和竞争力还受到多种因素的影响，如市场需求变化、技术进步、政策调整等。因此，企业需要密切关注市场动态和外部环境变化，不断调整和优化供应链策略，以适应市场需求的变化和保持竞争优势。

二、供应链管理的核心目标与流程

（一）供应链管理的核心目标

随着数字技术的迅速发展和广泛应用，全球供应链的复杂性和不确定性也相应增加，同时日趋成熟的数字化技术也为供应链管理提供了更多的工具和数据支持，使得优化供应链规划与设计、强化供应链运作与协调、重视风险管理及应急响应等措施，成为供应链创新和竞争优势的重要路径。

通过数字化背景下的供应链运营管理创新，企业能够完成供应链高效运作机制、灵活响应机制和风险控制机制的建设，从而直接提升供应链整体的竞争力，更好地满足客户需求，实现可持续发展的目标。整体来看，在全球经济环境快速变化和竞争加剧的大背景下，供应链运营管理工作也时刻面临着全球化、数字化带来的挑战。供应链运营管理者有必要采取创新的策略来应对市场需求的变化，通过降本、提质、增效三条路径，减少供应链的不确定性缺陷。因此，顺应数字化的时代发展浪潮，利用数字技术为实践赋能，也是供应链运营管理唯一的发展路径。

供应链运营管理的基本目标是确保供应链在数字化环境下高效、协调和可持续地运作。具体而言，它涉及从原材料采购到产品交付的全过程管理，旨在优化资源利用、降低成本、提高客户满意度和增强市场竞争力。供应链运营管理的具体目标包括实现供需匹配，通过准确预测市场需求和协调内外部供应链环节，确保供应链的物流、生产和库存能够及时满足客户需求，避免过剩或缺货情况的发生。

运营管理旨在提高运作效率，通过优化供应链各环节的流程，减少物流时间和成本，提高生产效率和交付速度，实现高效运作和快速提升适应市场变化的能力。这也就意味着，在实践中降低成本也是供应链运营管理的重要目标，通过供应链的优化和协调，减少物流、库存和生产成本，优化供应商的选择和合作，实现成本的最小化，提高企业利润率和竞争力。

（二）供应链运作的基本流程

1. 采购与供应商管理

采购管理是指企业为获得所需物资或服务，通过一系列流程、策略和工具，确保采购活动的顺利进行，实现成本优化和质量保障。

企业需要明确自身的需求，包括所需物品的种类、数量、质量要求以及预算等。这是采购活动的基础，也是对后续工作的指导。在明确需求后，企业需要对潜在供应商进行筛选和评估。这包括市场调研、询价、招标等工作，以吸引并挑选出符合要求的供应商。评估指标可以包括价格、产品质量、服务水平、供应能力等多个方面。选定供应商后，双方需要签订采购合同。这份合同是双方之间的法律约束文件，详细规定了采购物品的具体规格、数量、价格、付款方式等条款。合同的签订有助于确保双方的权益得到保障，降低后续合作中的风险。采购执行阶段涉及订单下达、供应商交货、验收入库、付款等环节。物流管理则确保物资在供应链中的顺畅流动，包括运输、仓储、配送等。采购完成后，企业需要对供应商的绩效进行评估，包括对交货准时性、产品质量、客户满意度等方面的考核。这有助于企业了解供应商的表现，及时调整和优化供应链。

供应商管理旨在建立和维护与供应商的长期合作关系，确保供应商能够稳定、高质量地提供所需物资或服务。企业需要与供应商建立互信、互利的合作关系，通过定期沟通、协商和合作，共同解决合作过程中出现的问题。同时，企业还需要关注供应商的发展动态，及时调整合作策略。如前所述，企业需要对供应商的绩效进行评估，以便了解供应商的表现并制定相应的改进措施。这包括定期对供应商的产品质量、交货准时性、服务水平等方面进行评价，并根据评价结果提出改进建议或采取相应措施。企业需要关注供应商可能面临的风险，如供应链中断、价格波动等，并制定相应的风险应对措施。例如，企业可以建立备选供应商名单，以便在主要供应商出现问题时能够迅速切换；同时，企业还可以与供应商签订长期合作协议，以稳定价格并降低市场风险。

为了提升采购与供应商管理的效率和效果，企业可以运用以下几种工具。①电子采购平台，这种在线采购工具，可以简化采购流程、提高透明度并降低采购成本。通过电子采购平台，企业可以迅速找到合适的供应商，进行比价和谈判，并最终选择最优质的供应商。②供应商评估工具，这类工具可以帮助企业全面评估供应商的风险和质量。它们通常采用自动化的方式收集和分析数据，以评估供应商的信誉、业绩和财务状况等。③采购管理软件，这类软件可以协助企业跟踪和管理采购过程中的各个环节，包括合同管理、发票管理和付款管理等。它们能够简化采购流程、提高准确性和效率。采购与供应商管理涉及多个方面和环节，企业需要综合考虑内外部环境、需求和风险等因素，制定合适的策略和措施，以确保采购活动的顺利进行和供应链的稳定性。通过不断优化和改进采购与供应商管理，企业可以降低成本、提高质量并增强市场竞争力。

2. 生产与运营管理

生产计划与调度是生产与运营管理的核心。企业需要根据市场需求、销售预测以及生产能力等因素，制订详细的生产计划。生产计划应明确每个产品的生产数量、生产时间以及所需资源等。调度人员需要根据生产计划的安排，合理调配生产资源，包括人力、设备、物料等，确保生产计划的顺利实施。工艺流程是指产品从原材料到成品的制造过程。

企业需要对工艺流程进行优化，以提高生产效率、降低成本。优化工艺流程包括改进生产设备的布局、提高设备的自动化程度、减少生产过程中的浪费等。此外，企业还可以采用精益生产、六西格玛等先进的管理理念和方法，进一步提高工艺流程的效率和质量。库存管理是生产与运营管理中的重要环节。企业需要合理控制原材料的采购、库存水平以及产品的生产与销售，以避免库存积压或短缺现象。有效的库存管理可以降低企业的运营成本、提高资金利用率，并有助于应对市场需求的波动。质量控制是确保产品质量符合客户要求的关键环节。

建立完善的质量管理体系，需要经历制定质量标准、进行质量检查、实施质量改进等环节。通过严格的质量控制，企业可以提高产品的可靠性和稳定性，增强客户信任度，从而提升市场竞争力。生产现场管理涉及生产现场的布局、设备维护、员工培训等方面。

确保生产现场的安全、整洁和有序，为员工提供一个良好的工作环境。同时，企业还需要加强设备的维护和管理，确保设备的正常运行，降低故障率。此外，定期对员工进行技能培训和提升，有助于提高员工的工作效率和产品质量意识。

3. 物流与配送管理

物流配送管理作为供应链管理的核心组成部分，致力于优化产品从原点至终点的流动和存储过程。它不仅关注货物的运输，还涵盖仓储管理、库存控制、包装、配送网络设计及物料处理等多个方面。

物流配送管理的主旨在于实现成本效益的最大化，同时保障服务品质。在全球化和电子商务的背景下，物流配送管理面临一定的挑战。一方面，市场需求的迅速变化，以及消费者对更快速交付、更灵活配送选择和更高透明度的物流信息的期望，促使企业必须采纳更先进、更高效的物流策略。这些策略不仅要满足市场需求，还需在成本和效率之间寻求平衡。另一方面，涉及运输方式的选择、运输路线的优化以及运输过程的监控，确保货物的安全、高效运达。在此过程中，决策者需考量多种因素，如货物的性质、紧急程度、目的地距离及成本限制。有效的运输管理不仅减少了货物损耗和延误，还提高了整体供应链的响应速度和灵活性。

优化物流与配送流程能够降低企业运营成本。通过合理规划运输路线、减少库存、提高仓库利用率等措施,企业可以显著降低物流成本,提升盈利能力。高效的物流与配送管理能够提升客户满意度。快速、准确的配送服务能够增强客户对企业的信任,提高客户忠诚度,从而为企业赢得更多市场份额。物流与配送管理是企业竞争力的重要体现。在全球市场竞争日益激烈的背景下,拥有高效、稳定的物流与配送体系的企业更具竞争力,方能够更好地应对市场变化和挑战。

加强信息化建设。利用现代信息技术,如物联网、大数据、人工智能等,实现物流信息的实时共享和智能化处理,提高物流决策的准确性和时效性。优化运输网络。通过合理规划运输路线、选择合适的运输方式、实现多式联运等措施,降低运输成本,提高运输效率。此外,还应加强仓储管理,提高仓库的利用率和作业效率,减少库存积压和浪费。同时,注重配送服务的优化,提高配送的准确性和时效性,提升客户满意度。

未来的物流与配送管理将更加智能化和自动化。智能机器人、无人仓库、自动驾驶车辆等技术将广泛应用于物流领域,实现更高效、精准的物流作业。全球环保意识的不断增强,绿色物流和可持续发展将成为物流与配送管理的重要方向。通过采用环保包装材料、优化运输方式、减少能源消耗等措施,实现物流活动的绿色化和低碳化。未来的物流与配送管理将更加注重供应链的协同与整合。通过加强与供应商、分销商等合作伙伴的信息共享和合作协调,实现供应链各环节的无缝对接和高效协同,提高整体供应链的竞争力和效率。

物流与配送管理将面临更广阔的市场和更复杂的挑战。企业需要不断提升自身的国际物流能力,适应不同国家和地区的法律法规和文化差异,实现全球化运营和发展。物流与配送管理是企业运营中不可或缺的一环,对于提高企业竞争力、降低运营成本、提高客户满意度具有重要意义。在未来的发展中,企业需要紧跟时代步伐,加强信息化建设、优化运输网络、提升服务水平,并积极应对未来的发展挑战和机遇。只有这样,企业才能在激烈的市场竞争中立于不败之地,实现可持续发展。

4. 销售与分销管理

在销售与分销管理中,企业应建立完善的客户档案,记录客户的购买历史、需求偏好、反馈意见等信息,以便更好地了解客户偏好并提供个性化服务。同时,加强与客户的沟通和互动,及时回应客户关切和需求,提升客满意度和忠诚度。此外，通过建立客户积分、会员制度等方式，增强客户黏性，促进客户复购和口碑传播。借助大数据、人工智能等技术手段，企业可以实现对销售数据的实时监控和分析，预测市场趋势和客户需求，制定更加精准的销售策略。智能化销售系统也将帮助企业提高销售效率和客户满意度。随着消费者需求的日益多样化，企业需要根据不同客户的需求和偏好，提供个性化的产品和服务。

通过定制化销售策略和方案，企业可以更好地满足客户需求，提升市场竞争力。线上线下渠道的融合将成为未来销售与分销管理的重要趋势。企业需充分利用各种销售渠道，实现线上线下协同作战，提升销售覆盖率和市场份额。同时，企业还应积极探索新的销售渠道和模式，以适应市场的变化和客户的需求。

企业需要加强与国际市场的联系和合作，提升跨境电商的运营能力和风险管理水平，实现全球化销售和分销。销售与分销管理是企业实现销售目标、提升市场竞争力的手段。通过加强市场分析、优化销售渠道、提升销售团队素质、加强客户关系管理以及顺应未来发展趋势等措施，企业可以不断提升销售与分销管理的效果和水平，为企业的可持续发展奠定坚实基础。

电子商务对供应链的影响

电子商务加速了市场的全球化，使得企业需要处理更多的交易、订单和货物流动。电子商务的崛起推动了商品供应链向高效、快速、透明的方向转变，企业需要重新设计和调整供应链管理体系。电子商务还使得客户对于物流速度、服务质量和售后保障等方面的要求越来越高，企业需要从客户角度出发，建立更加完善的供应链管理系统。电子商务也改变了企业与客户之间的关系。通过电子商务平台，企业可以直接与客户进行沟通和交互，获得更多的反馈和建议，从而更好地满足客户需求。这也意味着企业需要更加关注客户的反馈和意见，并将其纳入供应链管理体系中，以达到更好的客户满意度和产品质量。电子商务时代还带来了更大的信息透明度。企业需要更加开放和透明，将供应链中的信息和数据公开给供应链伙伴和客户，以提高供应链效率和可靠性。电子商务也提高了企业对供应链风险和变化的敏感度，企业需要更加及时地进行供应链监测和风险评估，以应对不同的市场变化和供应链风险。电子商务时代还带来了更加复杂和多元的供应链网络。企业需要处理与来自不同地区、不同行业、不同文化背景的供应链伙伴之间的关系，构建适应不同市场需求的供应链体系。同时，电子商务也促进了供应链的快速变化和调整，企业需要保持灵活性和敏捷性，及时应对市场变化和供应链变动。

一、电子商务对供应链结构的改变

（一）供应链扁平化趋势

在传统供应链模式中，层级分明，每个层级都有自己的管理职能和责任。在电子商务的推动下，供应链结构正在发生着显著变化。电子商务通过互联网的便捷性和高效性，使得供应商、生产商、经销商和消费者可以直接进行交流和合作，大幅缩短了供应链的长度和各环节间的时间消耗。

供应链扁平化正是这一变革的显著体现。扁平化的供应链管理强调信息的共享和沟通的畅通，打破了层级之间的壁垒，实现了供应链各个环节的协同和协作。这种管理模式不仅消除了层级之间的信息滞后和信息丢失问题，提高了信息的及时共享和流通，还使得供应周期、成本明显减少，供应链效率大幅提升。具体来说，供应链扁平化在电子商务环境下具有多方面的优势。首先，它提高了供应链的响应速度。由于供应链短化，企业能够更快地感知市场需求变化，及时调整生产和配送策略，以满足消费者的需求。其次，扁平化管理模式降低了企业的运营成本。减少了中间环节，降低了库存积压和过度供应的风险，提高了资金利用效率。最后，供应链扁平化还增强了供应链的透明度和可见性。

通过信息共享，各环节之间的协同更加紧密，提高了整体供应链的运作效率。供应链扁平化趋势也带来了一些挑战。随着供应链结构的扁平化，企业需要更加注重与合作伙伴的关系管理，建立长期稳定的合作关系。企业还需要加强自身的信息化建设，提高数据处理和分析能力，以更好地应对市场变化。电子商务与供应链扁平化趋势的结合，为企业带来了新的发展机遇。

通过优化供应链管理，企业可以降低成本、提高效率，更好地满足消费者需求。供应链扁平化也有助于企业快速响应市场变化，抓住市场机遇，提升市场竞争力。电子商务时代的供应链扁平化趋势是企业应对市场变化、提升竞争力的重要途径。企业需要抓住这一趋势，加强供应链管理创新，实现供应链的高效运作和可持续发展。在未来，随着技术的不断进步和应用，供应链扁平化趋势将继续深化，为企业带来更多的机遇和挑战。

（二）供应链网络化发展

供应链网络通过信息平台的搭建，实现了各环节信息的实时共享和传递。这使得企业能够更准确地掌握市场需求和供应情况，从而做出更科学的决策。在供应链网络中，各环节参与者不再是孤立的个体，而是通过协同作业实现其共同的目标。这种协同性不仅提高了整体运营效率，还增强了供应链的韧性和稳定性。

供应链网络具有高度的灵活性和可扩展性，可以根据市场需求和变化进行快速调整和优化，这为企业应对市场波动和抓住机遇提供了有力支持。随着大数据、人工智能等技术的广泛应用，供应链网络将实现更高程度的数字化和智能化。通过数据分析和智能算法，企业可以更精准地预测市场趋势和客户需求，优化库存管理和配送路线，提高运营效率。在全球环保意识的不断增强下，绿色供应链已成为供应链网络化发展的重要方向。企业将通过采用环保材料、节能技术和循环利用等方式，降低供应链活动对环境的影响，实现可持续发展。

供应链网络化将助力跨境电商的发展，实现全球范围内的商品流通和配送。同时，企业也需要关注不同国家和地区的法律法规和文化差异，确保供应链的合规性和稳定性。供应链网络化发展是商业领域的必然趋势，它为企业带来了更高效、更协同的运营模式，推动了整个产业链的升级和转型。随着技术的不断进步和市场环境的变化，供应链网络化将呈现更加深入和广泛的发展趋势。企业应积极拥抱这一变化，加强供应链网络化建设，提升竞争力，实现可持续发展。

二、电子商务提升供应链效率的方式

（一）信息共享与实时更新

信息共享有助于减少信息不对称现象，降低企业间的交易成本。在传统的供应链模式中，由于信息不透明，企业往往难以准确掌握供应链的真实情况，导致决策失误和资源浪费。而信息共享则打破了这一壁垒，使得企业既能够更加清晰地了解供应链的运行状况，提高决策的准确性，又有助于提升供应链的协同性和灵活性。在供应链网络中，各环节参与者需要紧密配合，共同应对市场变化和客户需求。通过信息共享，企业可以实时了解其他环节的运行情况，及时调整自己的策略和计划，实现供应链的协同运作。信息共享也有助于企业快速适应市场变化，抓住市场机遇，提高供应链的灵活性。

实时更新则是指供应链网络中的信息能够随着实际情况的变化而及时更新。这种更新不仅包括数据的实时传输和处理，还包括对信息的实时分析和解读。通过实时更新，企业可以实时掌握供应链的最新动态，为决策提供及时、准确的信息支撑。实时更新的意义在于它能够帮助企业快速应对市场变化和客户需求。在竞争激烈的市场环境中，时间就是金钱，效率就是生命。通过实时更新，企业可以及时发现供应链中的问题和隐患，采取有效措施进行改进和优化。同时，实时更新也有助于企业及时抓住市场机遇，快速调整产品和服务策略，满足客户需求。

信息共享与实时更新是供应链网络化发展的核心动力。它们共同推动了供应链网络的协同运作和高效发展。随着技术的不断进步和市场环境的变化，信息共享与实时更新将发挥更加重要的作用。未来，人们可以预见，供应链网络将更加智能化、自动化和绿色化，为企业和社会带来更多的价值和效益。因此，企业应积极拥抱供应链网络化发展，加强信息共享与实时更新的建设。通过搭建高效的信息平台、采用先进的技术手段、加强与其他环节参与者的合作与沟通等方式，不断提升供应链网络的协同性和灵活性，实现可持续发展。

（二）订单处理与响应速度提升

信息共享是实现订单处理与响应速度提升的基础。在供应链网络中，各环节参与者需要及时、准确地掌握订单信息，以便迅速作出响应。通过搭建统一的信息平台，实现各环节之间的信息共享，可以大大提高订单处理的效率和准确性。例如，当客户提交订单后，销售部门可以迅速将订单信息传递给生产、物流等部门，确保各部门协同作业，快速完成订单处理。

自动化技术的应用也是提高订单处理与响应速度的重要手段。借助自动化设备和系统，可以实现订单信息的自动录入、处理和分析，减少人工干预，提高处理速度。例如，采用自动化仓储系统，可以实现货物的快速存取和分拣，缩短订单配送时间；利用智能调度系统，可以优化配送路线，提高配送效率。优化订单处理流程也是提升响应速度的关键。通过对订单处理流程进行梳理和优化，消除冗余环节和"瓶颈"，可以提高整体处理效率。例如，采用标准化、模板化的订单处理方式，可以减少重复劳动和错误率；建立快速响应机制，对紧急订单进行优先处理，可以满足客户的特殊需求。信息共享、自动化技术应用以及订单处理流程优化是提升订单处理与响应速度的关键要素。在供应链网络化发展的背景下，企业应积极探索和实践这些要素，以提高订单处理效率和客户满意度，赢得市场竞争的先机。

（三）库存管理与优化

库存管理的核心在于确保库存水平既能满足生产和销售的需求，又能避免过多的库存积压和浪费。为了实现这一目标，企业需要采用一系列的管理策略和方法。定期盘点是库存管理中不可或缺的一环。通过定期对库存进行全面清点，企业可以及时发现库存中的问题，如积压、缺货等，从而及时调整库存策略。库存预警机制也至关重要。当库存量低于或高于设定的安全库存水平时，系统能够自动发出预警，提醒企业及时采取措施，避免库存短缺或积压。

在库存优化方面，企业可以通过多种方法提高库存管理的效率和准确性。例如，采用先进的库存管理软件，实现库存信息的实时更新和共享，确保企业各部门之间的信息同步。此外，企业还可以根据产品的特性和销售情况，采用不同的库存管理策略，如 ABC 分类法、准时生产制（JIT）策略等，对库存进行精细化管理。在库存管理与优化的过程中，企业还需要关注一些关键绩效指标，如库存周转率、库存持有天数等。这些指标能够反映企业库存管理的效果，帮助企业发现存在的问题并制定改进措施。库存管理与优化是一个持续的过程，需要企业不断地探索和实践。通过采用有效的管理策略和方法，企业可以实现库存水平的合理控制，提高运营效率，降低成本，从而在激烈的市场竞争中立于不败之地。

三、电子商务对供应链协同的影响

（一）供应链协同的重要性

在协同的供应链中，各个环节能够紧密配合，减少信息传递的延迟和误解，确保资源的及时调配和有效利用。这种协同作用能够显著缩短产品从原材料到最终消费者的整个周期，提升企业的响应速度和市场适应能力。

供应链协同有助于降低企业的运营风险。通过协同合作，企业可以共同应对市场波动、供应链中断等风险，减少单一环节出现问题对整个供应链的影响。同时，协同的供应链还能够促进企业间的信息共享和信任建立，降低因信息不对称而引发的风险。供应链协同对于提升客户满意度也具有重要意义。通过协同作业，企业能够更准确地把握市场需求和客户偏好，及时调整产品和服务策略。同时，协同的供应链还能够确保产品的质量和交货期的稳定性，提升客户的满意度和忠诚度。

在协同的供应链中，各企业可以共同推动环保、节能等可持续发展目标的实现，减少资源浪费和环境污染。这种协同作用不仅有助于提升企业的社会形象，也能够为企业创造更多的商业价值。供应链协同对于提升企业的运作效率、降低运营风险、提升客户满意度以及实现可持续发展都具有重要意义。因此，企业应积极加强供应链协同建设，推动供应链各环节的紧密合作和共同发展。

（二）电子商务促进供应链协同发展的机制

电子商务通过优化订单处理和物流配送流程，进一步提升了供应链协同效率。传统的订单处理往往烦琐且耗时，而电子商务平台能够实现订单的自动化处理和智能化分析，大大提高了处理速度和准确性。同时，电子商务还能与物流配送系统无缝对接，实现货物的实时追踪和可视化管理。这有助于及时发现和解决物流过程中的问题，确保货物能够按时、按量、按质地送达客户手中。

电子商务还通过推动供应链的智能化和自动化，进一步提高了供应链协同水平。利用人工智能、机器学习等先进技术，电子商务平台能够实现对供应链数据的深度挖掘和分析，从而预测市场需求、优化库存管理和提升生产效率。同时，自动化技术的应用也减少了人为干预和误差，提高了供应链的稳定性和可靠性。通过促进供应链的全球化和多元化，为供应链协同发展提供了更广阔的空间和可能性。

电子商务平台打破了地域限制，实现全球范围内的供应链协同。同时，电子商务还推动了供应链的多元化发展，使得企业能够根据不同的市场需求和供应链特点，灵活调整供应链策略和结构。促进供应链协同的机制是一个多维度的过程，它涉及信息共享、订单处理、物流配送、智能化和自动化等多个方面。这些机制共同作用，使得供应链各环节能够更加紧密地协同合作，实现更高效、更灵活和更具响应性的运营。

供应链的关键角色

供应链是一个由众多环节和角色组成的复杂网络，每个环节和角色都发挥着至关重要的作用，共同协作以确保产品或服务能够顺畅地从供应商传递到最终消费者。在这个网络中，存在着几个关键角色，它们各自承担着不同的职责，但又紧密相连，共同维持着整个供应链的运作。接下来，我们将深入探讨这些关键角色以及它们在供应链中的作用。

一、供应商的角色与职责

（一）供应商的选择与评价方法

企业对供应商的选择是一个多因素的选择过程，其影响因素有很多，有供应商本身的因素，也有企业外部的因素；有企业与供应商之间相互合作关系的因素，也有供应商之间相互竞争的因素；还有来自企业内外部的环境变动对供应商产生影响的因素。

这些因素彼此相互影响，有时一个较大因素会通过影响另一个较小因素而发生变化。在众多影响供应商选择的因素中，不同企业会根据自己的特点选择不同的指标体系来对供应商进行评价。这些指标不是单独存在的，而是相互关联和渗透的，共同影响着供应商的评价结果。供应商的规模和实力是供应商被选择的前提，供应商的规模和实力越强大，越有利于企业对供应商进行综合评价，进而决定是否与其建立长期合作伙伴关系。

规模较大的供应商一般都具有较强的技术能力和生产能力，在保证产品质量的前提下，能以更低的价格向企业提供产品。因此，企业可通过对供应商规模和实力的分析，找出哪些供应商最有可能成为自己的合作伙伴。供应商的结构和水平对于企业来说很重要，供应商结构是指采购部门在采购活动中与不同类型、不同级别的供应商进行接触而建立起来的各种关系网络，以及与这些关系网络有关的各种协调机制。企业可以通过对供应链结构与水平的分析来了解供应商所处的供应链地位和水平，进而选择与之合作。

供应商之间竞争的是十分激烈程度的，企业要想在市场竞争中脱颖而出，获得稳定、长久而更有竞争力的产品，就必须加强与所有战略伙伴之间的合作关系。为了保持产品质量和服务质量等方面都处于同一水平上，企业在选择合作伙伴时往往会选择那些与自己实力相当或稍强于自己者作为合作伙伴。从理论上说，当产品、服务等方面差距不大时，才是最理想的合作伙伴选择模式。由于这种竞争可能会使双方陷入无序、无休止地降价，直至两败俱伤或达成协议后一方退出这一无休止的循环。因此，企业应选择那些与自己实力相当或略强于自己者作为合作伙伴，这样就可以保证合作伙伴之间在价格、质量等方面都处于同一水平上。

在对供应商进行评价和选择的方法中，层次分析法是一种多层次的、定性与定量相结合的系统分析方法。层次分析法能够比较客观地确定供应商的重要性和评价指标之间的关系，用层次分析法得出供应商相对于企业自身重要性程度的排序。该方法能较好地解决复杂的决策问题，它不仅能把定性的东西定量化，还能把定量的东西定性化，是一个多层次、多因素的决策分析方法。模糊综合评价法是一种定性与定量相结合的评价方法，通过隶属度函数来定义事物之间的隶属程度，用隶属度函数来量化事物之间相对关系。运用模糊综合评价法时，要建立相应的评判标准，通过评判标准与供应商特征之间的对应关系来对供应商水平进行评价。

供应商的总体评价因素为供应商的实力、产品质量、成本控制能力、交货速度和服务水平；供应商的具体评价因素，即供应商的信誉度，供应商在履行合同过程中的表现；供应商的质量价因素，即产品质量和顾客满意度；还有供应商的供货能力和供应商与企业的合作程度。通过对每个因素进行评价，可以得出各供应商综合评价得分，将各个指标得分按权重加起来，再将各个指标得分按隶属度加起来，便可得到综合评分。最后通过评分结果来确定供应商相对于企业自身重要性程度的排序。

适用于确定问题解决方案中候选答案组合顺序的定性决策技术，通过多人多次对某个问题进行预测，然后将预测结果汇总后向专家征求意见，直到所有专家的意见趋于一致为止。在运用此方法时，要确定问题解决方案中候选答案组合顺序，然后根据这些候选答案组合顺序确定最优方案。候选答案组合顺序的确定主要依赖于专家的知识和经验。在运用这个方法时，首先要将问题划分成若干个子问题，每个子问题由一组专家进行调查研究，然后根据各个子问题所涉及的因素和它们之间的相互联系来设计每一位专家调查问卷，最后将各子问题的调查结果汇总后进行汇总。

在综合考虑了供应商评价指标体系的相关性、可比性、可获得性和客观性等因素后，选择供应商评价指标体系：一级指标，即供应商的基本情况；二级指标，即供应商的供应能力；三级指标，即供应商的供货质量、交货及时程度、交货准确率和稳定性等。然后将每一级指标细分成若干项三级指标。这样，在具体计算中，既可以通过简单的计算来获取一级指标的值，也可以通过统计计算获得二级指标和三级指标的值。例如，某家生产汽车配件的企业在选择供应商时，有多家供货商可供选择，在选择具体供应商时就可根据这三个级别指标来判断其质量和供货情况。供应商的基本情况指标包括供应商的规模、企业的经营范围、员工人数、销售网点的分布状况等，是企业对供应商进行评价选择时需要参考的首要内容。通常情况下，规模较大、实力较强、经营范围较广以及与企业业务往来较多的供应商对企业的影响也较大，这些供应商能够为企业提供较好的服务，往往在供应产品时也能较好地满足企业生产和发展的需要。

供应商的供应能力指标是从供应商保证产品质量和稳定供应原材料等方面考虑的，主要包括供应商所具备的生产能力稳定程度等。生产能力一般用原材料的产量来衡量；生产能力稳定程度则是从供应商对原材料或半成品供应能否连续可靠地生产出合格产品来考察，主要包括供应稳定程度和供货连续性两个方面。交货及时程度指标是从供货及时性来考虑的，一般情况下，交货及时性越高就意味着其供货能力越强。在企业对供应商进行评价时，交货及时程度是非常重要的一个方面。通过对交货时间和交货及时程度两个指标进行分析比较之后，就可以得出该供货商是否能够满足企业生产经营所需。

（二）供应商与核心企业的合作关系

供应商与核心企业的合作不再是简单的买卖交易，而是基于共同目标和利益的战略合作伙伴关系。电子商务平台为供应商与核心企业搭建了一个高效、便捷的交流与合作平台。通过平台，双方能够实时共享信息，准确把握市场动态和彼此的需求变化。这使得供应商能够迅速响应核心企业的需求，调整生产计划，确保产品供应的及时性和准确性。核心企业也能够更加全面地了解供应商的生产能力、产品质量和服务水平，从而选择到更合适的合作伙伴。

供应商与核心企业之间的协同作业也得到了极大的提高。双方可以共同制订采购计划、生产计划等，实现供应链的协同优化。通过平台的自动化处理功能，交易流程变得更加简化，交易成本得以降低，供应链的运行效率得到了显著提高。此外，电子商务平台还提供了丰富的数据分析和预测工具，帮助双方更好地把握市场趋势和消费者需求，为制定精准的营销策略提供了有力支持。

　　信任是供应商与核心企业合作关系的重要基石。在电子商务环境中，平台的评价和反馈机制为双方建立信任提供了有力保障。通过查看对方的评价和反馈，双方可以更加客观地了解对方的实力和信誉，减少合作中的风险和不确定性。同时，平台提供的多种支付和结算方式也确保了双方权益，为建立长期稳定的合作关系奠定了基础。

　　电子商务的快速发展给供应商与核心企业的合作带来了挑战。双方需要不断创新和适应，以应对新的商业模式和竞争态势。通过加强技术研发、提升产品和服务质量、拓展市场渠道等方式，双方可以共同应对市场挑战，实现更加紧密的合作关系和可持续发展。在电子商务的背景下，供应商与核心企业的合作关系变得更加紧密、高效和透明。双方通过平台的信息共享、协同作业和信任建立机制，共同应对市场挑战，实现共赢发展。

二、生产商的角色与职责

（一）生产计划与调度

　　生产计划是企业在一定时期内，根据市场需求、生产能力和资源状况，对生产活动进行预先安排和规划的过程。在电子商务环境下，生产计划需要更加灵活和精准。由于市场需求变化迅速，企业需要及时调整生产计划，以满足客户的个性化需求。电子商务的全球性特点也要求企业能够跨地域、跨部门进行生产计划的协调与整合。为了实现精准的生产计划，企业需要充分利用电子商务平台的数据优势。通过平台上的销售数据、客户反馈等信息，企业可以更加准确地预测市场需求，从而制订出符合市场趋势的生产计划。此外，企业还可以利用大数据、人工智能等先进技术对生产计划进行优化，提高生产效率和降低成本。

　　调度则是生产计划的具体执行过程，它涉及生产资源的配置、生产任务的分配和生产进度的控制等多个环节。在电子商务环境下，调度工作面临着诸多挑战。例如，由于订单量大、交货期短，企业需要快速响应市场需求，合理安排生产任务；同时，由于供应链复杂多变，企业需要协调各个环节的资源，确保生产过程的顺利进行。为了应对这些挑战，企业需要建立一套高效、灵活的调度机制。企业需要建立完善的信息系统，实现对生产数据的实时采集、传输和处理，为调度工作提供准确、及时的信息支持。企业需要优化生产流程，减少生产过程中的浪费和延误，提高生产效率。此外，企业还可以利用物联网、云计算等先进技术实现生产过程的智能化管理，提高调度工作的自动化水平。

在生产计划与调度的实施过程中，企业还需要关注风险管理和持续改进。由于电子商务环境的复杂性和不确定性，企业需要建立完善的风险预警机制，及时发现并应对潜在的生产风险。同时，企业还需要定期对生产计划与调度工作进行评估和改进，以适应不断变化的市场需求和企业发展需求。显然，电子商务中的生产计划与调度是一项复杂而重要的工作。企业需要充分利用电子商务平台的信息优势和先进技术手段，制订出精准、灵活的生产计划，并建立高效、灵活的调度机制，以确保生产过程的顺利进行和企业的持续发展。同时，企业还需要关注风险管理和持续改进经营，以适应不断变化的市场环境和企业发展需求。在未来的发展中，随着电子商务技术的不断创新和应用，生产计划与调度工作将变得更加智能化、自动化和高效化，为企业的可持续发展提供有力支持。

（二）生产过程的优化与控制

为了更加快速、灵活地响应市场变化，优化生产布局和工艺流程成为企业成败的关键。企业可以通过合理布局车间和设备，减少物料搬运的距离和时间，降低生产成本。同时，优化工艺流程可以消除生产中的"瓶颈"环节，提高生产效率。例如，利用自动化和智能化技术，实现生产线的自动化控制和数据监控，减少人工干预，提高生产过程的稳定性和可控性。库存控制也是电子商务中生产过程优化的重要一环。电子商务平台使得企业能够实时获取市场需求信息，因此，企业需要根据市场需求来制定库存策略。

通过减少库存量，企业可以降低库存成本，并减少因库存积压而导致的资金占用和浪费。同时，通过实施 JIT 等先进的库存管理方法，企业可以实现库存的快速周转，提高资金的利用效率。在生产过程的控制方面，电子商务也为企业提供了更多的可能性。借助电子商务平台的数据分析功能，企业可以实时监控生产进度、质量状况等关键指标，及时发现并解决生产中的问题。

通过设定合理的质量控制标准，企业可以确保产品的质量稳定可靠，满足客户的需求。同时，企业还可以利用电子商务平台与客户进行实时沟通，获取客户的反馈和建议，以便及时调整生产过程，提高产品质量和客户满意度。此外，企业还可以借助电子商务平台的供应链协同功能，实现供应链的透明度和高效化。通过与供应商、物流服务商等合作伙伴的紧密合作，企业可以确保原材料的及时供应和产品的准时交付。通过共享生产数据和资源信息，企业可以优化生产计划的安排和调整，降低生产风险，提高供应链的可靠性和韧性。

在电子商务中，生产过程的优化与控制对于企业的成功至关重要。通过优化生产布局和工艺流程、实施合理的库存控制、加强生产过程的监控和调整、实现供应链的协同管理以及注重可持续性和环保性等方面的努力，企业可以提高生产效率、确保产品质量、降低成本、提高客户满意度，从而在竞争激烈的市场中脱颖而出。

三、分销商的角色与职责

（一）分销渠道的选择与管理

在分销渠道的选择上，品牌定位是渠道选择的基础，企业应明确自身的品牌形象和目标客户群体，以选择与之相匹配的渠道。例如，高端品牌可能更适合选择高端电商平台或专卖店等渠道；而休闲时尚品牌则可选择线上平台或实体连锁店等更广泛的渠道。目标市场的消费习惯、购买行为和渠道偏好也是选择渠道的重要依据。企业需了解目标市场的特点，以便选择能够覆盖目标客户群体的渠道。而产品特性也是选择渠道的重要考量因素，不同产品特性适合的渠道也有所不同。

在渠道管理方面，企业需要关注与渠道伙伴建立紧密的合作关系。首先，企业应选择具有市场影响力、销售能力和服务水平的渠道伙伴，并与其建立长期稳定的合作关系。通过共同制定销售策略、分享市场信息和资源，实现双方的互利共赢。其次，企业需要为渠道伙伴提供必要的培训和支持，以提高其销售能力和服务水平。这包括产品知识、销售技巧、客户服务等方面的培训，以及提供市场营销支持、广告宣传资料等。最后，定期评估渠道伙伴的绩效也是必要的，以便及时调整和改进渠道管理策略。在电子商务中，分销渠道的选择与管理是一项复杂而重要的任务。

企业要综合考虑品牌定位、目标市场、产品特性等多个因素来选择合适的渠道，并通过与渠道伙伴建立紧密的合作关系、提供必要的培训和支持、定期评估绩效等方式来优化渠道管理。同时，企业还需特别关注线上渠道的特点和竞争态势，以便灵活应对市场变化并抓住机遇。通过不断优化和完善分销渠道的选择与管理，企业可以实现市场拓展和业绩增长的双重目标。

（二）分销策略的制定与执行

在启动分销策略之初，企业必须对市场进行深入的研究，包括对目标客户群体的识别、市场规模的评估以及竞品的分析。因此，它为整个分销策略提供了基础数据和方向指引。紧接着，企业需要结合自身的产品特性，如产品定位、价格区间、使用场景等，来筛选适合的分销渠道。这些渠道可能包括传统的实体店、电商平台、社交媒体等多元销售路径。在确定渠道后，企业需要构建一个清晰、高效的分销网络，确保产品能够快速、准确地到达终端消费者。

定价策略和促销手段的制定也是关键的一环。价格不仅影响消费者的购买决策，还直接关系到企业的利润空间。因此，企业需要在保证利润的同时，通过合理的定价来吸引消费者。同时，配合各种促销活动，如打折、送赠品、会员优惠等，可以进一步提升产品的市场竞争力。在执行分销策略的过程中，与渠道合作伙伴的沟通和协作也是不可忽视的环节。企业需要与合作伙伴建立良好的工作关系，确保双方能够在产品推广、市场反馈、销售策略调整等方面保持高效的协同。

对分销过程的监控和管理同样重要。企业需要建立一套完善的数据跟踪和分析系统，实时监控销售数据、市场动态以及消费者反馈，以便及时调整策略，应对市场变化。对整个分销策略进行定期的评估和优化也是必不可少的。通过对比预期目标与实际销售情况，分析成功与失败的原因，从而不断完善分销策略，提升销售业绩。总之，分销策略的制定与执行是一个动态的过程，它要求企业不断适应市场变化，优化销售策略，以实现销售目标并满足消费者需求。

四、物流服务商的角色与职责

（一）物流服务商的选择标准

一个合规的物流服务商应具备必要的营业执照、运输许可证和相关资质。这些证件能够证明服务商已经通过了政府的监管机构的审核，具备了合法经营的条件。还要了解该服务商在运输过程中是否遵守相关法律法规，如是否遵循停车和装卸规范，是否按时交付承诺等。

物流服务商应具备一定的专业能力和经验。这可以通过查询其历史记录和客户评价来了解。一个专业的物流服务商会有高素质的员工团队、完善的运输网络和先进的设备。此外，服务商是否拥有专门针对某些特定产品或行业的运输方案也是一个考虑因素。物流服务质量是满足物流客户要求的能力水平。这包括运输服务质量、配送服务质量、保管服务质量以及库存服务质量等。测量物流服务质量的变量有销售额、订单数、退货率、待补订单数、退货数、取消订单数、待补订单滞留时间、货损理赔数、紧急出货次数等。对于跨境物流，资金流转、支付、退款等方面需要严格把关。

采用安全可靠的第三方支付平台，能够提高财务管理效率。加强信息化建设，提升物流从业人员的技能、责任意识等方面的工作，有助于充分发挥物流从业人员的优势。跨境物流的可靠性需要从多个方面入手进行考虑和解决，如完善和稳健的物流管理体系、协同良好的交通运输环境、可靠的第三方支付平台等。同时，物流服务商应定期优化服务流程，避免返工，降低错误率，为客户提供高品质的物流服务。由于不同的企业对于物流服务的需求可能有所不同，因此在选择物流服务提供商时，应根据自身的具体需求和情况进行综合评估。

（二）物流服务在供应链中的作用与价值

物流服务从订单处理开始，就参与到供应链的核心流程中。当公司接到客户的订单时，一个有效的物流系统会管理整个工作流程，确保订单得到适当的准备、包装和交付。这不仅是简单的运输过程，更涉及订单的准确性、及时性以及客户满意度。

物流服务在仓库管理和库存管理中发挥着关键作用。仓库是储存所有库存的集中地点，无论是原材料还是成品，物流服务都要确保这些库存得到妥善保管，以便在需要时能够快速、准确地取出和发送。同时，库存管理也是物流功能之一，它决定何时订购以及订购多少库存，以维持供应链的稳定运行。物流服务还关注产品的包装和运输。由于产品或货物在运输和处理过程中可能会被损坏或溢出，因此适当的包装是避免这种情况发生的关键。

运输则是整个供应链中最为关键的一环，物流服务通过优化运输路线和运输方式，不仅提高了运输效率，还降低了成本。更为重要的是，物流服务在供应链中起到了优化资源、避免浪费的作用。它能够提高每次交付的整体价值，特别是客户满意度。通过引入自动化解决方案和最大限度地整合运输量，物流服务能够降低运输成本，提高服务质量。物流服务在供应链中的作用与价值体现在提高运营效率、降低成本、增强客户满意度以及优化资源配置等多个方面。它是供应链中不可或缺的一环，为企业的可持续发展提供了有力支持。

五、最终消费者的角色与影响

（一）消费者需求对供应链的驱动作用

消费者对商品配送时效性的要求不断提高。在电商和快速消费品的推动下，消费者对于商品的配送速度要求越来越高。他们希望能够在最短的时间内收到自己购买的商品，因此对供应链的运输和配送能力提出了更高的要求。为了满足这一需求，供应链需要优化运输网络，提高物流效率，确保商品能够准时送达消费者手中。

消费者对产品质量和安全性的关注度也在不断提升。他们更加关注产品的原材料来源、生产工艺和质量控制等方面。这要求供应链在原材料采购、生产加工、质量检测等环节都要有严格的标准和控制措施，确保产品的质量和安全符合消费者的期望。同时，供应链还需要建立完善的追溯体系，以便在出现问题时能够迅速定位并解决问题。

消费者对于环保和可持续发展的关注也在推动供应链的转变。越来越多的消费者开始关注产品的环保性能和供应链的可持续性，他们更倾向于选择环保、低碳、可持续的产品和服务。这要求供应链在产品设计、生产、运输和回收等环节都要考虑环保因素，采用环保材料和工艺，减少能源消耗和环境污染，推动供应链的绿色化和可持续发展。

消费者需求对供应链的驱动作用体现在多个方面，这就要求供应链具备灵活性、创新性、高效性、质量保障和可持续发展能力。为了更好地满足消费者需求，供应链需要不断优化和创新，以适应市场的变化和符合消费者的期望。

（二）消费者行为对供应链策略的影响

现代消费者的需求呈现出多元化、个性化的特点。他们不再满足于传统的标准化产品，而是追求个性化、定制化的产品和服务。这种多样化的需求使得供应链需要更加灵活和敏捷，能够快速响应市场变化，提供多样化的产品和服务。为了实现这一目标，供应链策略需要注重产品多样化和定制化。一方面，供应链可以通过采用模块化设计、柔性制造等方式，提高产品的多样化程度，满足消费者个性化的需求。另一方面，通过与消费者建立紧密的联系，了解他们的偏好和需求，提供定制化的产品和服务，进一步满足消费者的个性化需求。

消费者对于商品配送时效性的要求也对供应链策略产生了重要影响。在电商和快速消费品的推动下，消费者对于商品的配送速度要求越来越高。他们希望能够在最短的时间内收到自己购买的商品，对于延迟配送和配送不准确等问题表现出强烈的不满。为了满足消费者对配送时效性的要求，供应链策略需要注重物流网络的优化和运输效率的提升。

通过优化仓储布局、采用先进的物流技术和设备、提高运输效率等方式，缩短商品的配送时间，确保商品能够准时送达消费者手中。同时，建立高效的订单处理系统和客户服务体系，及时处理消费者的投诉问题，提升消费者的满意度。此外，消费者对于产品质量和安全的关注度也在不断提高。他们更加关注产品的原材料来源、生产工艺和质量控制等方面，对于产品质量和安全问题开始零容忍了。这要求供应链在原材料采购、生产加工、质量检测等环节都要有严格的标准和控制措施，确保产品的质量和安全符合消费者的期望。为了实现这一目标，供应链策略需要注重质量管理和追溯体系的建立。

通过制定严格的质量标准和检测流程，确保产品从原材料到成品的每一个环节都符合质量要求。同时，建立完善的追溯体系，记录产品的生产和流通信息，以便在出现问题时能够迅速定位并解决问题。消费者行为还对供应链的库存管理、成本控制等方面产生了影响。例如，消费者的购买决策可能受到价格、促销等因素的影响，导致需求波动加大，增加了库存管理的难度。因此，供应链策略需要综合考虑消费者行为的特点和规律，制定合理的库存水平和补货策略，以应对消费者需求的不确定性。

六、供应链中的信息技术与平台

（一）信息技术在供应链中的应用

经济国际化这一趋势对企业的要求越来越高。信息化技术的出现，能够帮助很多行业进行变革，因此将信息网络融入供应链的需求也在不断增加，随之而来的是整个行业的社会管理体系发生翻天覆地的变化。信息技术在制造企业的普及，从企业内部经营管理的角度上，改变了企业原本管理成本高、管理难、信息反馈不及时、管理机构烦琐复杂的局面，提高了企业在成本、供应链等方面的竞争优势，为企业的发展提供了有力的帮助，在世界经济一体化的进程中为企业赢得了发展的机会。

因为供应链管理中管理的企业对象及管理目标各有不同且比较复杂，而供应链管理存在的意义不仅是最终解决问题，更重要的是解决问题的方式，不仅在时间方面有具体的要求，对成本也有明确的要求，因此将信息技术应用到供应链管理中，不仅能够减少管理时间，还能够提高整体的效率。在常规的集成化供应链管理的思想指导下，对供应链的事业有着极大的拓宽和延伸。能够从企业的一个部门传递到另一个部门，从企业的内部传递到企业的外部，从行业内传递到其他相关行业，最后形成一个全面的、立体的、独立运作的空间，最终实现企业内部信息的有效传递，突破时间和空间的限制，成为无障碍信息传递通道。为了能够提高企业的生产效率，企业内部生产物料的配套是否协调，对产品的生产效率有着非常大的影响，杂乱无章的物料管理体系和管理方法，会影响供应链中物料的存储效率和加工生产效率，所以在物料管理的环节中可以采用物料管理信息技术，利用现代化的信息管理模式，提高生产效率，提高企业的经济活动效果。

条形码技术是物料管理中最常用到的信息管理技术之一，条形码技术是将一组按照规定进行排列编码的条形符号作为物料的信息标签，而这些长短不一的条形符号可以表达一定信息。条形码技术利用的是计算机的自动识别技术，通过对长短不一的条形符号的信息读取，然后进行归类。条形码技术涉及的领域非常广泛，有条形码原理及规则标准、条形码译码技术、光电技术、印刷技术、扫描技术、通信技术、计算机技术等。在供应链管理中应用条形码技术，可以提升生产物料的入库和出库管理水平，如果是生产型企业，对于生产所需的物料，在来料检验、入库、储存、领料、生产、加工等环节，都需要对物料进行识别，需要对检测识别的物料有一个把控，提高生产物料的精准度，由此使得产品生产更具有可追溯性，通过环节管控，产品的质量管理能够直接追溯到原材料的质量，实现物料的精准性，优化企业资源，提高企业的生产经营效益。

物料的采购环节是供应链管理环节中的最前端部分，采购作业的信息化能够提高采购的执行力度，提升采购的工作效益。采购作业是将企业内部的生产计划和仓储库存相结合，从而制订采购计划，将企业内部的几个环节串联起来，形成信息的传递。供应链管理还需要对外部供应商建立信息系统的管理。因此作为企业生产物料的采购环节，需要对物料建立数据库，并且需要建立采购管理系统，以此通过信息软件，更好地对采购物料和库存进行管控，减少成本。一个完整的物料采购过程，是需要结合物料的生产周期、库存管理及生产计划需求的，这些都是需要数据库作为支持的，这为零库存管理奠定基础。通过采购和信息管理平台的协同合作，结合企业内部的企业资源管理系统（ERP），有利于企业商务活动的开展，促进采购效率的提高。

供应链管理中的信息传递需求，除了对企业内部的信息进行管理外，还需要对企业的外部信息进行管理和有效传递。针对企业的外部信息，需要通过外部网络对信息和数据进行传递和交换。因此，网络的安全和稳定是外部信息交换中首先需要考虑的问题。通过互联网完成不同企业在不同区域进行合作、交流，实现了对重要客户信息的收集和了解，通过互联网进行双方的商务沟通和交谈，实现企业的电子贸易。在网络上进行售前、售后服务，开展金融交易业务服务。其中企业外部信息交换技术中主要的技术操作就是将企业外部的互联网信息和企业内部的信息进行数据交换。因此在针对企业外部的信息交换中所采用的技术是电子数据交换，是目前电子商务模式中最常用的信息技术，也是商务活动的重要组成部分，要想实现企业外部之间的信息传递和交换，企业内部的基础信息设施非常关键，数据库系统的建立也是其中较为重要的一环。

企业内部信息交换技术是指企业内部成立一个专门供企业内部使用的内网，用于资源、信息企业内部相互共享，完成企业的数据转化和传递，专门处理企业的生产经营活动。因此在交换信息中要想实现内部企业信息的共享，完成数据处理、状态统计、趋势分析等任务，需要将内网的协作分工明确，并且落实具体的责任，从而提高企业的效率，降低企业的运营成本，与此同时保证企业内部的信息安全。

EDI 的定义是将商务、行政事务或者其他的管理事务，按照一个公认的标准，将其转换为结构化的处理文档形式，从而通过数据传输端口，将其从一台计算机传递到另一台计算机。EDI 是具有文件定义的，并且文件的格式和内容都是标准化和格式化的。将 EDI 运用到供应链管理上，就相当于所有供应链环节上的贸易伙伴之间，可以通过计算机系统和计算机系统之间的信息的传递，将数据进行转换和自动处理。这种信息操作模式能够大大提高企业间的信息传递效率。目前市面上流通的 EDI 标准文件格式主要有 UN/EDIFACT 和 ANSIX12 这两个标准文件格式。

ERP 是目前所用供应链管理信息技术中应用最普遍的一个系统，就是在信息技术提供的平台上，将系统化管理思想作为平台上管理层决定的管理方法和流程，为企业提供运行管理。通过目前供应链中的企业管理活动可以看出，ERP 不仅是一种简单的企业经济活动的管理应用软件，更是一种先进的网络信息管理模式。ERP 不仅是企业有效提高生产效率的管理手段，更是一种管理理念和管理模式，能够在企业的长期发展战略中起到关键作用。

为了更好地适应现代化信息技术的发展和进步，企业也正逐渐采用现代化的供应链管理技术，高效地提高企业的经济效益，降低企业的运营成本，解决企业内部需要解决的问题。通过将供应链管理环节中企业之间的资源和信息相互整合，将原材料的信息在企业之间进行互通，不仅可以让单个企业提高其经济效益，整个供应链上物料需求环节的所有企业也能够实现经济利益最大化。由此可见，信息技术普及在供应链管理中的作用。因此企业要逐渐普及供应链中信息化技术的应用，提升企业的市场竞争力。

（二）供应链管理平台的功能与价值

从功能上看，供应链管理平台具有显著的信息集成与共享能力。这与之前提到的信息技术在供应链中的应用不谋而合，都是为了打破信息孤岛，实现各环节信息的实时更新和共享。此外，平台还具备订单管理、库存管理、物流管理以及数据分析等多元化功能，这些功能共同构成了供应链管理平台的核心竞争力，使其能够为企业提供全方位的供应链服务。

在价值方面，供应链管理平台同样展现出了其独特的优势。首先，通过集成化和自动化的功能，平台能够显著提高供应链的运营效率，缩短交货周期，提升客户满意度。这与信息技术在供应链中提升效率的作用相契合。其次，平台通过优化资源配置，帮助企业更好地应对市场变化，降低运营成本。最后，通过提高供应链的协同能力，平台能够加强企业与合作伙伴之间的紧密联系，共同应对市场挑战。值得一提的是，供应链管理平台在降低风险与成本方面也有着显著的效果。通过数据分析和预警功能，平台能够帮助企业及时发现并解决供应链中的潜在风险，降低因供应链中断或质量问题带来的损失。此外，平台还能够通过优化库存和物流管理等环节，进一步降低企业的运营成本。

　　供应链管理平台在功能与价值上与之前讨论的信息技术在供应链中的应用有着许多相似之处，但其更加专注于为企业提供全面、系统的供应链解决方案。通过集成和共享信息、优化资源配置、提升协同能力、降低风险与成本等功能，供应链管理平台为企业创造了巨大的价值，推动了供应链的持续创新和发展。在未来，随着技术的不断进步和应用场景的不断拓展，供应链管理平台将在供应链领域发挥更加重要的作用，为企业创造更大的价值。

第3章　电子商务物流系统

电子商务物流系统是当今商业领域的重要支柱，它凭借高效、智能的运作机制，有效连接了买家、卖家和物流服务商，推动了电子商务的快速发展。该系统集成了订单处理、仓储管理、运输配送等多个关键环节，通过精确的数据流与信息交互，实现了物流资源的优化配置和高效利用。同时，借助云计算、大数据、物联网等先进技术，电子商务物流系统正不断提升其自动化、智能化水平，为商家和消费者提供更加便捷、高效的物流服务体验。在未来，随着技术的不断进步和市场的持续扩大，电子商务物流系统将发挥更加重要的作用，为商业发展注入新的活力。

电子商务物流系统的系统架构与组成

电子商务物流系统不仅是现代电子商务高效运作不可或缺的重要支撑，更是推动企业物流优化的关键所在。通过深入了解和合理配置系统的各个组成部分，企业能够实现对物流流程的精细化管理，大幅提升配送效率，从而更好地响应消费者对快速、准确配送的期待。这不仅有助于提高企业的市场竞争力，还将对整个电子商务行业的健康、持续发展起到积极的推动作用。

一、电子商务物流系统的系统架构概述

（一）电子商务物流系统的基本架构模型

仓储管理系统在电子商务物流系统中负责对仓库内的货物进行科学分类、存储和管理，确保货物的安全、完整和及时出库。借助先进的仓储技术和设备，如自动化货架、智能机器人等，仓储管理系统实现了货物的快速、准确存取，大幅提高了仓库的运作效率。运输与配送网络也是电子商务物流系统中不可或缺的一环。它根据订单信息，通过合理的路线规划、车辆调度和人员安排，确保货物从仓库迅速、准确地送达客户手中。在关注运输效率的同时，运输与配送网络还注重对运输成本的控制和运输质量的提升，致力于为客户提供卓越的物流服务体验。

信息与通信技术基础设施是支撑整个电子商务物流系统运作的基石。它提供了强大的数据传输、存储和处理能力，确保了各环节之间的信息畅通无阻。借助云计算、大数据、物联网等先进技术，信息与通信技术基础设施为电子商务物流系统提供了坚实的技术支持，推动了物流行业的创新发展。可以看出，电子商务物流系统的基本架构模型是一个综合了订单处理、仓储管理、运输配送以及信息与通信技术等多个方面的完整体系。通过各环节之间的紧密协作和高效运作，该架构模型实现了对物流资源的优化配置和高效利用，为电子商务的快速发展提供了有力保障。展望未来，随着技术的不断进步和市场的持续扩大，电子商务物流系统的架构模型将被继续优化和完善，为商业发展注入新的活力。

（二）电子商务物流系统的架构设计的核心要素与考量

性能与效率是架构设计的重要考量因素。电子商务物流系统需要处理大量的订单、库存和运输信息，因此性能优化成为重点。通过合理的硬件资源配置、软件算法优化以及网络架构设计，可以提高系统的处理速度和响应能力，确保业务的高效运转。

稳定性与可靠性是架构设计不可或缺的因素。物流系统必须保证"7×24小时"不间断运行，任何故障或中断都可能对业务造成严重影响。因此，在架构设计中，需要充分考虑系统的容错性、备份与恢复机制以及灾备方案，确保系统能够抵御各种风险和意外情况。可扩展性与灵活性也是架构设计的考量标准。随着电子商务市场的不断扩大和业务需求的不断增长，物流系统需要能够灵活应对各种变化。架构设计应具备良好的可扩展性，能够方便地添加新的功能模块、扩展处理能力以及适应新的业务场景。同时，架构设计还应保持一定的灵活性，以便在未来的技术升级和业务调整中能够快速适应。

安全性与隐私保护是架构设计不可忽视的方面。电子商务物流系统涉及大量的敏感信息，如客户信息、订单详情和支付数据等。因此，在架构设计中，需要充分考虑信息的安全性和隐私保护。通过采用加密技术、访问控制以及安全审计等措施，可以确保信息在传输、存储和处理过程中的安全性，防止数据泄漏和非法访问。通过综合考虑这些要素并进行合理的架构设计，可以构建稳定、高效、可扩展且安全的电子商务物流系统，为企业的业务发展提供有力保障。

二、电子商务物流系统的主要组成部分

（一）订单处理系统及其功能分析

订单处理系统具备多项核心功能。它既能够实时接收并验证来自电子商务平台的订单信息，确保订单数据的准确性和有效性，又能根据系统订单详情、商品库存和配送要求，智能地选择发货仓库，并生成相应的发货指令，为后续的物流操作提供指引。此外，订单处理系统还实时更新订单状态，并将这些信息同步到电子商务平台上，使客户能够随时了解订单的最新动态。订单处理系统还具备强大的数据分析和优化能力。通过对大量订单数据的收集和分析，系统能够发现流程中的"瓶颈"和问题，为优化物流操作提供有力支持。同时，系统还能根据历史订单数据预测未来的订单趋势，为企业的库存管理、物流规划和战略决策提供重要参考。

（二）电子商务物流系统的仓储管理系统的结构与运作

从结构上看，仓储管理系统通常采用分层的架构设计。这种设计方式不仅使系统各模块之间的交互更加清晰、高效，还有助于提高系统的可维护性和可扩展性。一般而言，仓储管理系统可以分为三个主要层次：客户端层、服务器端层和数据层。

客户端层是用户与系统进行交互的接口，通常表现为图形化界面，使得用户可以直观地进行仓库操作和管理。用户可以通过这一层进行订单管理、库存查询、出入库操作等，实现对仓库资源的实时监控和有效利用。

服务器端层是仓储管理系统的核心处理层。它负责接收来自客户端的请求，并根据预设的业务逻辑进行处理。服务器端层还承担着与其他系统或模块进行数据交互的任务，确保信息的准确性和一致性。服务器端层还具备强大的数据处理和分析能力，能够通过对仓库数据的挖掘和分析，为企业的决策提供有力支持。

数据层是仓储管理系统的数据仓库，它存储着仓库中的各种信息，包括物料信息、库存信息、订单信息等。数据层采用关系型数据库或其他高效的数据存储方式，确保数据的安全性和一致性。数据层还提供了强大的数据查询和检索功能，使得用户可以快速地获取所需的信息。

在运作方面，仓储管理系统通过一系列流程来实现对仓库的精准管理。系统会对商品的基本信息、进货数量、单价等进行记录，建立完整的商品档案。在出入库环节，系统会根据订单信息和库存情况，自动进行商品的拣选、打包和发货。系统还会对库存数量进行实时监控，当库存数量达到预警线时，及时提醒管理员进行补货。系统还会定期对仓库进行盘点，确保库存数据的准确性。除了上述基本功能外，仓储管理系统还具备优化仓库布局、调整管理策略等高级功能。通过对仓库各项数据的分析，系统可以预测未来的库存需求和销售趋势，从而帮助企业做出更合理的决策。

（三）电子商务物流系统的运输与配送网络的构建与优化

在构建运输与配送网络时，需要考虑多种因素。这包括企业规模、服务对象、地理分布、交通状况等。对于大型企业而言，构建覆盖全国甚至全球的运输与配送网络是十分必要的，只有这样才能确保商品能够快速、准确地送达消费者手中。而对于中小型企业，则可以根据自身业务需求，构建局部化或区域化的运输与配送网络。

在构建过程中，应注重网络布局的合理性和运输路线的优化。网络布局应充分考虑各地的物流需求、交通条件以及仓库分布等因素，确保物流中心分布合理、运输路线畅通。同时，通过运用先进的物流技术和算法，对运输路线进行不断优化，以减少运输时间和成本，提高物流效率。

运输与配送网络的优化是一个持续的过程。随着市场环境和业务需求的变化，网络结构、运输方式等都需要不断调整和优化。例如，企业可以根据历史数据和实时信息，预测未来的物流需求和趋势，从而提前调整网络布局和运输策略。此外，通过引入智能调度、自动化分拣等先进技术，可以进一步提高运输与配送的效率和准确性。在优化过程中，还应注重提升客户体验。例如，通过提供实时的物流信息查询服务，让客户能够随时了解订单的配送状态；通过优化配送时间和服务质量，提高客户满意度和忠诚度。运输与配送网络的优化既要考虑成本控制，使企业通过精细化管理和技术创新，降低运输成本、减少损耗和浪费，提高企业的经济效益；还需要关注绿色物流的发展。随着全球环保意识的增强，企业在构建和优化运输与配送网络时，应充分考虑环保因素，选择低碳、环保的运输方式和包装材料，推动绿色物流的发展。

运输与配送网络的构建与优化是电子商务物流体系中的重要任务。通过合理的网络布局、优化的运输路线以及先进的物流技术，可以构建出高效、稳定、环保的运输与配送网络，为企业的业务发展提供有力保障。

（四）电子商务物流系统的库存控制策略与管理系统

库存管理系统应具备实时监控功能。通过物联网、无线射频识别（RFID）等技术手段，系统可以实时获取库存数量、位置、状态等信息，确保企业随时掌握库存动态。这有助于企业及时发现库存异常，库存如缺货、积压等，从而采取相应措施进行调整。

库存管理系统应具备智能预测功能。基于大数据和人工智能技术，系统可以对历史销售数据进行分析，预测未来一段时间内的市场需求，这有助于企业提前调整库存水平，避免库存积压或短缺，还应具备优化决策的功能，通过对库存成本、销售利润等数据的分析，系统可以为企业制定最佳的采购、存储、调拨等策略，降低库存成本，提高资金利用效率。

库存管理系统应具备与其他系统的集成能力。例如，与生产系统、销售系统、财务系统等进行数据共享和协同工作，实现信息的实时更新和共享，提高整体运营效率。在实施库存控制策略与管理系统的过程中，企业还需要关注的是：定期对库存进行盘点和核查，确保库存数据的准确性和完整性；要关注供应链的稳定性，与供应商建立长期稳定的合作关系，确保物资及时供应；加强对库存管理人员的培训和管理，提高他们的专业素养和操作能力。库存控制策略与管理系统是企业物流管理中不可或缺的一部分。通过制定合理的库存控制策略、建立完善的库存管理系统及关注关键点的实施，企业可以实现对库存的有效控制和管理，提高企业的运营效率和市场竞争力。

（五）电子商务物流系统的信息与通信技术基础设施支撑

从支撑信息社会建设的角度来看，信息与通信技术基础设施包括固定电话、移动电话、互联网、卫星通信、广播电视等通信设施，它们为信息的传递提供了物理基础，使得人们能够跨越地域限制，实时地进行沟通和交流。数据中心作为信息存储和处理的中心，为各种应用和业务提供了强大的数据支撑。信息与通信技术基础设施也是推动经济社会数字化转型的重要力量。

云计算、大数据、物联网、人工智能等技术的快速发展，不仅改变了传统行业的运作模式，也催生了新的产业形态。例如，云计算使企业能够高效、灵活地管理和使用计算资源；大数据技术从海量数据中挖掘出有价值的信息，为决策提供支持；物联网技术将各种物品和设备连接起来，实现智能化管理和控制；而人工智能技术则通过模拟人类智能，为企业提供了自动化、智能化的服务。信息与通信技术基础设施的发展也促进了社会经济的进步。它推动了信息的快速传播和共享，使得知识和资源得以更加高效地利用。此外，通信网络的覆盖范围和服务质量的提升，使得城乡之间的信息鸿沟逐渐缩小，为构建和谐社会打下了坚实基础。

信息与通信技术基础设施的建设是一个需要政府、企业和社会各方共同努力和协作的过程。政府应制定合理的规划和政策，引导和支持基础设施的建设和发展；企业应积极投入研发和创新，推动技术的不断进步和应用；社会各方则应加强合作和交流，共同推动信息社会的建设和发展。

三、电子商务物流系统组件间的协同与整合

（一）组件间数据流与交互模式

在软件开发中，组件间的数据流与交互模式对于实现高效、可维护的应用至关重要，特别是在使用 Vue 等前端框架时。Vue 中的这些模式为构建清晰、响应迅速的应用提供了强有力的支持。数据流方面，Vue 遵循了父组件到子组件的单向数据流原则。父组件通过 props 将数据传递给子组件，而子组件不能直接修改这些 props，如果需要基于 props 进行更改，子组件应触发自定义事件通知父组件，由父组件负责数据的更新。这种设计确保了数据的可预测性和可维护性，每个组件都有清晰的数据入口和出口。同时，Vue 也支持通过事件进行反向通信。子组件可以触发自定义事件，将消息发送给父组件或其他监听该事件的组件。这种观察者模式允许组件之间实现灵活的通信。

对于非父子组件之间的通信，Vue 提供了事件总线（EventBus）作为解决方案。

任何组件都可以向事件总线发送消息，而监听这些消息的组件能够接收到并做出响应。这种机制为组件间提供了松耦合的通信方式。对于更复杂的应用场景，Vuex 作为状态管理库，提供了集中的状态存储和一套规则来确保状态以可预测的方式变化。通过 Vuex，多个组件可以共享状态，并通过预定义的 mutations（同步更新）或 actions（可包含异步操作）来更新状态。在组件交互方面，Vue 提供了丰富的功能和工具。组件可以相互监听和触发事件，实现灵活的交互。此外，Vue 的插槽（Slots）功能允许父组件在子组件的模板中插入内容，进一步增强了组件间的交互能力。

可见，Vue 中的组件间数据流与交互模式为构建高效、可维护的应用提供了强大的支持。这些模式确保了数据在组件间以清晰、可预测的方式流动，同时实现了组件间的无缝交互。无论是父子组件间的数据流、非父子组件间的通信，还是使用 Vuex 进行状态管理，Vue 都为我们提供了丰富的选项和工具来应对各种场景。

（二）协同机制设计与实施策略

在设计协同机制时，需要明确组织的目标和战略。这有助于确定各部门、团队或个人在协同工作中的角色和职责，确保每个人的工作都紧密围绕组织的核心目标展开。同时，要对组织内部的工作流程进行梳理和优化，消除冗余环节，提高工作效率。

为了确保信息的准确传递和及时反馈，可以建立定期会议、信息共享平台等沟通渠道。这些渠道不仅有助于增进团队成员之间的了解，还能及时发现和解决协同工作中出现的问题。此外，还可以利用现代化的协作工具，如项目管理软件、在线协作平台等，提升团队协作的效率和效果。除了沟通外，激励机制也是协同机制实施的重要一环。通过设定明确的奖励和惩罚措施，可以激发团队成员的积极性和创造力，促使他们更加投入地参与协同工作。同时，还要关注团队成员的个人成长和发展，为他们提供必要的培训和支持，帮助他们提升专业技能和团队协作能力。

在协同机制的实施过程中，还要保持灵活性，根据组织发展和市场环境的变化及时调整协同机制；要注重团队文化的建设，营造积极向上、互相支持的工作氛围；要加强团队领导力的培养，确保领导者能够带领团队朝着共同目标前进。

（三）流程优化与效率提升措施

对组织内部各流程进行全面审视和分析，包括识别流程中的"瓶颈"和冗余环节，以及评估流程的整体效率。通过数据收集、员工反馈和实地考察等方式，可以深入了解流程的运作情况，为后续的优化工作提供有力的支持。接下来，根据分析结果，制定具体的流程优化方案。这可能涉及简化流程步骤、合并重复任务、引入自动化工具等。例如，通过采用流程管理软件，可以实现对流程的实时监控和调度，从而提高流程的执行效率。针对关键流程环节，可以引入标准化操作程序，以减少人为错误和提高操作一致性。

在实施流程优化方案的过程中，需要关注员工参与和培训。员工是流程执行的主体，他们的积极参与和正确执行对于流程优化的成功至关重要。因此，组织应该积极与员工沟通，听取他们的意见和建议，并提供必要的培训和支持，以确保员工能够理解和适应新的流程。为了进一步提高效率，组织还可以考虑引入激励机制和绩效考核体系。通过设定明确的绩效目标和奖励机制，可以激发员工的积极性和创造力，促使他们更加努力地工作。同时，定期对流程执行情况进行评估和反馈，可以及时发现和解决问题，推动流程的不断改进。但需要强调的是，流程优化与效率提升是一个持续的过程。

随着组织的发展和市场环境的变化，流程可能会面临新的挑战和问题。因此，组织应该保持开放的心态，不断寻求新的优化机会和措施，以实现持续的发展和进步。流程优化与效率提升措施是组织改进和高效运作的重要手段。通过全面审视流程、制订优化方案、关注员工参与和培训、引入激励机制和绩效考核体系以及保持持续改进的心态，组织可以不断提升自身的竞争力和适应能力，取得更好的业务成果。

电子商务物流系统中的数据流与信息交互

在电子商务物流系统中，数据流与信息交互如同系统的血脉，将各个环节紧密相连，确保物流运作的高效与准确。从订单生成到商品配送，数据流贯穿始终，为各方提供实时、准确的信息，从而实现物流过程的可视化与智能化。

一、对电子商务物流系统中的数据流分析

（一）夜间处理过程中的数据流动

当消费者在电子商务平台上下单时，订单信息便被系统捕获并转化为电子数据。这些数据包括但不限于商品名称、数量、收货地址、支付方式等。这些数据是后续物流处理的基础，因此其准确性和完整性至关重要。一旦订单生成，相关数据会立即被传输到物流系统。这种实时传输保证了物流系统能够迅速响应并开始处理订单。

通过数据传输，电子商务平台与物流系统之间实现了无缝对接，为订单的快速处理提供了有力保障。在物流系统中，订单数据会经过一系列的处理和分配。系统会根据收货地址和商品库存情况，自动选择最优的发货仓库和配送路线。系统会生成详细的发货指令，包括发货时间、配送方式、配送员信息等。这些指令将指导后续的物流配送过程。在订单处理过程中，物流信息会不断更新。例如，当商品被打包出库时，系统会更新商品的出库状态；当配送员开始配送时，系统会更新配送状态；当商品被签收时，系统会更新签收状态。这些实时更新的物流信息会通过电子商务平台或其他渠道及时反馈给消费者，让消费者随时了解订单的处理进度。在电子商务物流系统中，数据不仅是信息的载体，更是决策的依据。通过对订单数据的分析，物流系统可以不断地优化配送路线、提高配送效率、降低物流成本。

系统还可以根据消费者的购物习惯和偏好，提供个性化的配送服务，提升消费者的购物体验。在订单处理过程中，涉及大量消费者的个人信息和交易数据。因此，保障数据的安全和隐私至关重要。电子商务物流系统通常采用先进的数据加密技术和访问控制策略，确保数据在传输和存储过程中的安全。同时，系统还会严格遵守相关法律法规和隐私政策，保护消费者的合法权益。

（二）电子商务物流系统中库存管理与数据流的关系

在库存管理中，数据的实时流动为管理者提供了关键的决策依据。从订单数据到销售数据，再到库存水平数据，这些信息的实时更新为库存的预测、计划和控制提供了基础。例如，通过分析历史销售数据，企业可以预测未来一段时间内的销售趋势，从而制定合理的库存水平，避免库存积压或缺货现象的发生。

数据流不仅为库存管理提供决策依据，还通过实时反馈实现库存管理的优化。当库存水平低于安全库存时，系统会自动触发补货请求，确保库存的及时补充。同时，通过分析库存周转率、滞销品等数据，企业可以优化库存结构，提高库存周转率，降低库存成本。在电子商务物流体系中，数据流与库存管理的实时同步至关重要。随着订单的不断生成和变化，库存数据也需要实时更新，以确保数据的准确性和一致性。这种实时同步不仅提高了库存管理的效率，还为消费者提供了更加准确的库存信息，提升了购物体验。

通过数据分析，企业可以预测未来的销售趋势和库存需求，实现库存的精准控制。智能算法还可以根据库存数据自动调整补货策略、优化配送路线等，实现库存管理的智能化和自动化。在库存管理中，风险防控是一个不可忽视的方面。通过对数据流的分析和监控，企业可以及时发现库存异常、滞销品等问题，并采取相应的措施进行防控。例如，当库存周转率过低或滞销品过多时，企业可以通过降价促销、调整销售策略等方式来降低库存风险。数据流的实时流动为库存管理提供了决策依据和优化手段；而库存管理的智能化和自动化也促进了数据流得更加高效和精准。这种相互促进的关系不仅提高了电子商务物流体系的整体效率，还为企业带来了更多的商业价值。

（三）电子商务物流系统中运输配送环节的数据传递

在电子商务交易中，订单信息的准确转化和及时传递是运输配送的起点。当消费者下单后，订单信息会经过电子商务平台的处理，转化为包含商品信息、收货地址、配送要求等详细数据的电子订单。这些数据随后会被传输到物流系统中，为后续的运输配送提供指导。在接收到订单信息后，物流系统会根据商品的库存情况、收货地址、配送要求等信息，自动计算出最优的运输路线和配送方案。在这个过程中，物流系统会与各种数据库和信息系统进行交互，获取实时的交通信息、天气状况、车辆位置等数据，以确保运输计划的准确性和可行性。在运输配送过程中，实时数据的监控和反馈是确保运输安全和效率的关键。

物流系统会通过 GPS、RFID 等技术手段，实时追踪车辆和货物的位置、状态等信息，并将这些信息反馈给物流管理系统。物流管理系统会根据这些数据，及时调整运输计划，优化配送路线，确保货物能够按时、安全地送达目的地。在运输配送过程中，难免会遇到各种异常情况，如交通拥堵、车辆故障、天气恶劣等。物流系统会通过数据分析，提前预测并发现这些异常情况，然后向运输配送人员发出预警信息。运输配送人员会根据预警信息，采取应对措施，如调整运输路线、更换运输工具等，以确保运输配送的顺利进行。在运输配送过程中，客户信息的沟通与反馈也是至关重要的。

物流系统会通过电子商务平台或其他渠道，及时向客户反馈订单的配送进度、预计送达时间等信息。同时，客户也可以通过这些渠道查询订单状态、提出配送要求或投诉建议等。这些信息的实时沟通与反馈，不仅提高了客户满意度，也促进了物流系统的不断完善和优化。随着大数据、人工智能等技术的不断发展，数据传递在运输配送环节中的智能化和自动化水平也在不断提高。物流系统可以通过智能算法自动分析订单信息、预测运输需求、优化配送路线等；物联网、区块链等新兴技术也为数据传递提供了更加安全、可靠的技术保障。这些智能化和自动化的数据传递手段，不仅提高了运输配送的效率和准确性，也降低了物流成本和人力成本。

二、电子商务物流系统中信息交互机制

（一）信息交互方式与通信协议

1. 信息交互方式。应用程序编程接口（API）是电商平台与物流系统之间信息交互的主要方式。通过 API，电商平台可以将订单信息、库存数据等实时传输给物流系统，同时物流系统也可以将配送进度、签收状态等信息反馈给电商平台。API 接口具有高度的灵活性和可扩展性，能够适应不同系统之间的数据交换需求。EDI 是一种标准化的商业数据交换方式。在物流领域，EDI 技术被广泛应用于订单处理、库存管理、运输配送等各个环节。通过 EDI 技术，企业可以实现与供应商、客户、物流服务商等合作伙伴之间的数据交换，提高了数据处理的效率和准确性。RFID 技术通过无线电信号识别特定目标并读写相关数据。在物流领域，RFID 技术被广泛应用于对货物的追踪和识别。通过在货物上安装 RFID 标签，物流企业可以实时获取货物的位置、状态等信息，并与电商平台进行实时数据交换。

2. 通信协议。超文本传输协议（HTTP）是互联网上应用最广泛的一种网络协议。在电子商务物流中，HTTP 协议被用于电商平台与物流系统之间的数据交换。通过 HTTP 协议，电商平台可以将订单信息、查询请求等发送给物流系统，物流系统也可以将响应结果返回给电商平台。安全超文本传输协议（HTTPS）是在 HTTP 协议基础上增加了 SSL/TLS 加密技术的协议。

HTTPS能够确保数据在传输过程中的安全，防止数据被窃取或篡改。在电子商务物流中，HTTPS被广泛应用于涉及敏感信息的传输场景，如用户登录、支付信息等。消息队列遥测传输（MQTT）协议是一种轻量级的发布/订阅消息传输协议。MQTT协议具有低功耗、低带宽占用和高可靠性的特点，非常适用于物联网设备之间的通信。在物流领域，MQTT协议被用于实现智能设备之间的信息交互，如智能仓储设备、智能运输设备等。

电子商务物流中的信息交互机制是通过多种方式和通信协议共同实现的。这些方式和协议确保了信息的准确性、及时性和安全性，为电商物流的高效运行提供了有力保障。

（二）电子商务物流系统中实时信息更新与共享机制

实时信息更新与共享机制确保了信息的实时性。在快节奏的社会环境中，信息的时效性至关重要。无论是市场动态、政策变化，还是项目进展、团队状态，都需要人们能够迅速捕捉并作出反应。实时信息更新与共享机制通过持续的数据流和即时的更新，使得决策者能够在第一时间掌握关键信息，从而做出更为明智的决策。

准确性是这一机制的另一大特点。信息的准确性直接关系到决策的质量效果。通过先进的数据验证技术和严格的信息管理流程，该机制能够大大降低信息的误差率，提高信息的可信度。广泛的可访问性也是其实用价值的重要体现。在传统的信息传递模式中，信息的流通往往受到诸多限制，如地域、层级、部门等。而实时信息更新与共享机制打破了这些壁垒，使得信息能够在更广泛的范围内被快速访问和使用，极大地提高了工作效率和协作效果。诚然，这一机制的实施并非易事，它要求企业有强大的技术支持、完善的管理制度和高度的安全意识。只有这样，人们才能在享受其实时、准确、广泛可访问的便利性的同时，确保信息的安全和完整。

电子商务物流系统中的技术平台与工具

电子商务物流系统中的技术平台与智能化工具，通过提供先进的技术支持和高效的管理功能，显著提升了电子商务物流的效率和准确性，成为现代电子商务发展的强大支撑。它们在数据处理、信息管理、物流跟踪等方面发挥着关键作用，不仅降低了运营成本，还优化了消费者的购物体验。

一、电子商务物流系统中的主要技术平台

（一）云计算在电子商务物流中的应用

云计算最基本的概念，是通过网络将庞大的计算处理程序自动分拆成无数个较小的子程序，再交由多台服务器所组成的庞大系统经搜寻、计算、分析之后将处理结果回传给用户。通过这项技术，网络服务提供者可以在数秒之内，达成处理数以百万计甚至亿计的信息，达到和"超级计算机"同样强大效能的网络服务。

云计算有狭义和广义之分，狭义云计算是指 IT 基础设施的交付和使用模式，指通过网络以按需、易扩展的方式获得所需的资源；广义云计算是指服务的交付和使用模式，通过网络以按需、易扩展的方式获得所需的服务。这种服务可以是 IT 和软件、互联网相关的，也可以是任意其他的服务，它具有超大规模、虚拟化、可靠安全等独特功效，采用特定软件聚集和共享分布在 Internet 上的大规模的数据中心或超级计算机集群，并通过使用虚拟化技术为用户提供统一方便、快捷地按需配用服务的一种网络技术。云计算是真正实现通过 PC 连接起来获得超级计算机和普通计算机的计算和存储等功能，并且成本更低。云计算的出现使高性能并行计算不再是科学家和专业人员的专利，普通的用户也能通过云计算享受高性能并行计算所带来的便利，使人人都有机会使用并行机从而大大提高了工作效率和计算资源的利用率。云计算模式中用户不需要了解服务器在哪里，不用关心内部如何运作，通过高速互联网就可以透明地使用各种资源。

云计算是全新的基于互联网的超级计算理念和模式，实现云计算需要多种技术结合，并且需要用软件实现将硬件资源进行虚拟化管理和调度，形成一个巨大的虚拟化资源池，把存储于个人电脑、移动设备和其他设备上的大量信息和处理资源集中在一起，协同工作。按照最大众化、最通俗的理解，云计算就是把计算资源都放到互联网上，互联网即云计算时代的云。计算资源则包括来自计算机的硬件资源（如计算机设备、存储设备、服务设备集群、硬件服务等）和软件资源（如应用软件、集成开发环境、软件服务）。

现有的云计算平台的最大特点是利用软件来实现硬件资源的虚拟化管理、调度及应用。用户通过虚拟平台使用网络资源、计算资源、数据库资源、硬件资源、存储资源等，与在自己的本地计算机上使用的感觉是一样的，相当于是在操作自己的计算机，而在云计算中利用虚拟化技术可大大降低维护成本和提高资源的利用率。在云计算时代，用户可以根据自己的需要或喜好定制相应的服务、应用及资源，云计算平台可以按照用户的需求来部署相应的资源、计算能力、服务及应用。用户不必关心资源在哪里、如何部署，只要把自己的需要告诉云、剩下的工作交给云就行了，云就会很快地返回用户定制的结果，用户也可以对定制的结果进行管理，如退订或删除一些服务等。

在云计算体系中，可以将服务器实时加入现有服务器集群中，提高"云"处理的能力，如果某计算节点出现故障，则通过相应策略抛弃该节点，并将其任务节点转让给别的节点，而在节点故障排除后可实时加入现有集群中。用户数据存储在服务器端，而应用程序在服务端运行，计算由服务器端处理。所有的服务分布在不同的服务器上，如果什么地方（节点）出问题就终止它，另外再启动一个程序或节点，即自动处理失败节点，保证了应用和计算的正常进行，而用户端不必备份，可以任意点恢复。云计算服务器端提供了最可靠、最安全的数据存储中心，有世界上最专业的团队管理信息，世界先进的数据中心保存数据，严格的权限管理策略可以帮助用户放心地与指定的人共享数据。另外数据被复制到多个服务器节点上有多个副本（备份），存储在云里数据即使被意外删除或硬件崩溃都不会受到影响。云计算对用户端的硬件设备要求最低，使用起来也最方便，软件不用购买和升级只需定制就可以了，服务器端也可以用价格低廉的 PC 组成云，而计算能力却可超过大型主机，使用户在软硬件维护和升级上的投入大大减少。

云计算模式下，用户的所有数据直接存储在云端，在需要的时候直接从云端下载使用；用户使用的软件由服务商统一部署在云端运行，软件维护由服务商来完成，即使个人计算出现故障或崩溃，也不会影响该用户对其软件的使用，用户只需要换个 PC 就可以继续自己的工作，包括文档实时编辑和协作开发等。用户可以在任何时间、任何地点，采用任何设备登录云计算系统，然后就可以进行计算服务。云计算云端有由成千上万台甚至更多服务器组成的集群，具有无限空间、无限速度。

　　基于云计算的特点，通过云计算技术，物流企业可以将各个环节产生的数据集中存储在云端，实现实时共享。这使得供应商、生产商、仓储商和配送商等不同的参与方都能随时获取所需的数据，以便做出相应的调整和决策。例如，通过云计算平台，物流企业与供应商可以实时共享库存数据，从而提前调整供应链的运作计划，避免库存积压或缺货的情况发生。

　　云计算技术可应用于物流调度系统中，实现对运输车辆和配送路线的智能调度。通过收集和分析大量的实时数据，如交通状况、货物数量和目的地等，系统可以自动优化运输方案，减少运输时间和成本。同时，云计算技术还可以实现订单处理的自动化和智能化。客户可以通过互联网直接下单，系统自动分配最优的运输方案，并实时跟踪货物的运输情况，提高订单处理的效率。云计算技术为物流企业提供了大规模的数据存储和计算服务，可以快速存取和分析物流信息数据。通过建立基于云平台的大数据分析系统，企业可以实时监控车辆的位置、货物的状态，及时调整运输计划，避免拥堵和延误。同时，通过对历史数据的分析和挖掘，企业还可以预测客户的需求变化趋势，合理调配资源，提高供应链的灵活性和响应速度。云计算可以实现实时库存信息的监测和集成，无论是在仓库中，还是在路上。这种方式使得物流企业可以更加精确地统计库存，避免过度或不足的库存，提高库存利用率和运营效率。云计算技术可以提供更加安全的支付、结算和信用管理，确保交易的安全性和可靠性。同时，云计算技术还可用于反欺诈领域，通过收集和分析大量的交易数据，识别出潜在的欺诈行为，保护企业的利益。

　　由于云计算在电子商务物流中的应用也面临一些挑战，如数据安全问题、信息共享与隐私保护的平衡等。因此，物流企业在应用云计算技术时，需要采取相应的措施来确保数据的安全性和隐私性。云计算在电子商务物流中的应用具有广泛的前景和潜力。通过充分利用云计算技术的优势，物流企业可以提高运营效率、降低成本、提高客户满意度和忠诚度等。

（二）电子商务物流系统的大数据平台的构建与利用

在构建大数据平台之前，首要的任务是进行需求分析和规划。这包括明确大数据平台的目标和需求，确定要分析的数据类型、数据来源以及希望从数据中获得的信息。在规划阶段，需要定义数据的存储和处理需求，并选择适合需求的大数据技术栈。大数据平台的核心之一是数据采集和存储。

从各种来源收集数据，如传感器数据、日志文件、数据库等，并将其存储在可访问的存储系统中。数据采集应确保数据的准确性和完整性，同时考虑到数据的实时性和批量处理需求。在数据进入分析阶段之前，通常需要进行清洗和预处理。这包括数据去重、格式转换、异常值处理、缺失值填充等步骤。预处理后的数据更易于后续的分析和挖掘。在大数据平台中，数据分析和挖掘是关键步骤。利用数据分析工具和算法对预处理后的数据进行深入分析和挖掘，可以发现数据中有价值的信息和规律。这可能包括数据聚合、分类、预测、关联规则挖掘等多种技术。

为了让用户更容易地理解和使用分析结果，通常需要将数据以可视化图表或报告的形式展示。数据可视化有助于用户更直观地理解数据之间的关系和数据所表达的发展趋势。随着数据量的增长和业务需求的变化，大数据平台可能需要进行优化和扩展。这可能包括调整数据存储和处理策略、优化算法参数、增加服务器资源等。

金融机构可以利用大数据平台进行风控、反欺诈、交易分析、市场营销等方面。通过对大量数据的分析，可以更准确地评估风险、识别欺诈行为、优化交易策略以及提供个性化的营销服务。医疗机构可以利用大数据平台实时监测患者健康状态，对疾病进行预测、预防和治疗。通过对患者数据的深入分析，医生可以制订更精准的治疗方案，提高治疗效果和患者满意度。零售商可以利用大数据平台分析消费者行为和购买偏好，以提供更精准的商品推荐和定价策略。通过对海量交易数据的分析，零售商可以了解消费者的需求变化和市场趋势，从而调整商品组合和营销策略，提高销售额和客户满意度。物流企业可以利用大数据平台进行实时路况监控和优化配送路线。通过对交通数据、货物数据等信息的分析，物流企业可以制订更合理的配送计划，提高物流效率和降低运输成本。制造企业可以利用大数据平台实现设备状态监测、预测性维护等应用。通过对设备数据的实时监测和分析，企业可以及时发现潜在问题并进行维修处理，避免生产中断和损失。同时，大数据平台还可以帮助企业优化生产计划和工艺流程，提高生产效率和产品品质。

　　大数据平台采用灵活可扩展的架构设计，能够轻松应对不同规模和复杂程度的数据处理需求。通过增加服务器资源、优化算法参数等方式，可以实现对大数据平台的灵活扩展和性能提升。大数据平台提供高性能的引擎结构，支持高并发的映射、转换计算能力。通过为不同计算负载的服务组件调配相应的服务器资源配置，可以优化服务器内部资源分配，提高数据处理效率和准确性。大数据平台支持复杂业务流程的处理和调度。通过灵活的服务流引擎设计，实现服务流的分支、合并、并行运行流程与长周期的同步处理等复杂操作。这有助于满足复杂业务场景下的数据处理需求。大数据平台支持多种部署模式，包括单点部署、分布式部署等。根据不同的业务需求和数据规模，可以选择合适的部署模式进行构建和部署。同时，大数据平台还支持多级互联和数据贯通，可以实现跨组织、跨地域的数据共享和协同处理。大数据平台的构建与利用是一个涉及多个方面和多个领域的复杂过程。通过合理地规划、设计和实施，可以为企业带来显著的竞争优势和价值。

（三）物联网技术在物流领域的实现

　　物联网技术通过 RFID 等技术，可以实现对物流过程中货物的实时追踪和监控。物流企业可以通过物联网平台，实时掌握货物的位置、状态等信息，确保货物在运输过程中的安全和货物的及时送达。

　　物联网技术可以实现仓库的智能化管理，通过传感器、RFID 等设备对仓库的库存、货物状态、温度等信息进行实时监测和管理。同时，结合智能算法和数据分析，可以实现货物的自动分拣、存储和调拨，提高仓库管理的效率和准确性。物联网技术可以通过数据分析和智能算法，对物流路线进行规划和优化。根据货物数量、目的地、道路拥堵情况等因素，物联网平台可以自动选择最优的物流路线，减少运输时间和成本。物联网技术可以通过传感器和 GPS 等设备，实时监测车辆的位置、行驶速度、燃油消耗等信息。这有助于物流企业更好地掌握车辆的运行状态，实现对物流车辆的远程监控和管理，提高运输效率和安全性。物联网技术可以实现物流过程中的自动化操作，如自动化分拣、自动化堆垛等。通过引入自动化设备和物联网技术，物流企业可以提高物流运作的效率和准确性，降低人力成本和维护费用。

　　物联网平台可以收集和分析大量的物流数据，为物流企业提供智能化的决策支持。通过对历史数据的挖掘和分析，可以预测未来的物流需求和趋势，为企业的战略规划和决策提供支持。显然，物联网技术在物流领域的实现，可以帮助物流企业提高物流效率、降低成本、提高服务质量，并推动物流行业的智能化和自动化发展。随着物联网技术的不断发展和完善，其在物流领域的应用将会越来越广泛和深入。

二、电子商务物流系统中的关键工具与技术

（一）自动化与机器人技术的引入

自动化设备可以承担起重复的生产任务，而机器人却可以在危险或者高强度环境中工作，这些都降低了人力操作的成本和风险，显著提高了生产线的稳定性和效率。

自动化和机器人技术可用于优化制造流程，例如通过人工智能算法对生产数据进行实时分析，预测设备故障，从而提前进行维修和更换，避免了因生产中断和设备损坏所带来的损失。机器人自动化技术在病房护理、药物配送、清洁任务等方面带来了重大改变，提高了医疗服务的效率。自动化机器人大大提高了物流效率，无人驾驶的物流车辆、自动化仓库机器人等可以在短时间内完成大量货物的搬运和整理工作。在制药行业，机器人被用于药物生产中的化学合成物处理、药物分配和样品处理，提高了工作效率并降低了样品被污染的风险。智能传感器使制造商能够更有效地进行质量检查，确保消费者可以信任收到的商品。尽管自动化和机器人技术带来了许多好处，但它们的应用也引发了一些争议。一些人担心这些技术会取代人类的工作岗位，导致失业问题加剧。

自动化与机器人技术的引入对提高生产效率、优化制造流程以及在特定领域的应用等作出了巨大的贡献，为各行各业带来了许多好处。然而，在享受这些好处的同时，也需要关注并应对它们带来的挑战。

（二）人工智能与机器学习在物流决策中的应用

AI和机器学习在物流决策中的应用非常广泛，它们为物流行业带来了许多创新和优化。结合图像识别技术、大数据分析与深度学习技术，分析历史的采购信息并挖掘其中的深层逻辑，形成科学的采购决策。这有助于企业实现适量采购、适时采购，减少过多库存对资金成本的占用，避免过少库存面临的机会损失。

　　图像识别技术的应用可以快速清点货物的种类和数量，结合无人机的使用，能够更加快速地完成这项任务。专家系统的使用可以高效地判断货物质量，实现全面检查，避免抽查模式潜在的问题。图像识别与深度学习的结合可以显著提高报表的处理效率，降低出错率。大数据分析能够进行风险评估，帮助企业避免一些潜在的财务风险。通过大数据分析、机器学习和深度学习等方法，实现对物流运输的智能调度和路径规划。这使物流企业能够实时掌握运输需求、交通状况和货物信息等，从而提高运输效率，降低成本。

　　AI 驱动的机器人和自动化设备在仓储管理中发挥着越来越重要的作用。它们能够自主完成货物的搬运、分拣、存储等任务，提高仓储效率，减少人力成本。AI 通过对历史数据和市场趋势的挖掘分析，为物流企业提供智能预测和决策支持。这有助于企业优化资源配置，降低风险，实现可持续发展。人工智能可以分析大量的数据，包括交通状况、距离、货物成本等，帮助确定最佳的运输路线和配送计划。这样可以节省时间和成本，并提高送货的效率。通过使用机器学习算法，人工智能可以分析历史数据和市场趋势，预测未来的需求量。这有助于物流公司合理安排物流运力和库存，避免过剩或短缺的情况发生。

　　人工智能可以通过使用传感器和物联网技术，实时监控货物的位置、状态和温度。这可以帮助物流公司准确追踪货物的位置，提高货物安全性，并及时发现和处理异常情况。通过使用自然语言处理和机器学习技术，人工智能可以实现智能客服系统，提供快速、准确的售前咨询和售后服务。这还可以提高客户满意度，并减少人工成本。人工智能和机器学习在物流决策中的应用使物流企业能够更准确地预测需求、优化运输路线、提高库存管理水平等，从而提高效率、降低成本，实现可持续发展。

（三）区块链技术在物流追踪与验证中的作用

　　区块链技术为物流行业提供了可靠的货物追踪和追溯系统。通过将每一步的物流信息以及相关的证明文件（如运输合同、发票等）记录在区块链上，货物的来源和流向得到了准确记录，并能迅速追溯到具体的物流环节。这不仅提高了货物的追踪效率和准确性，还有助于降低物流成本和风险，确保货物在运输过程中的安全和及时送达。

　　区块链技术优化了供应链管理。通过将供应链中各个环节的数据和交易记录在区块链上，实现了供应链的实时监控和管理，减少了信息不对称和潜在的欺诈行为。这种全程透明性和可信性有助于优化供应链流程，提高供应链的整体效率和可靠性。同时，区块链技术还可以实现供应链信息的共享和透明性，企业可以全面掌握供应链中的信息，提高供应链管理的效率。

区块链技术实现了智能合约的自动化执行。在物流业务中，智能合约可以自动执行运输合同中的各项条件，如支付、提货、清关等，减少了人为干预，提高了交易的效率和安全性。这有助于降低物流成本，减少纠纷和损失，提高了物流交易的效率。

区块链技术为物流行业提供了便捷和安全的资金结算和信用评估系统。通过将物流交易的资金流向和相关的信用评估信息记录在区块链上，提高了交易的透明性和可信度，降低了各方的风险。这有助于加强物流交易的信任基础，促进物流行业的健康发展。

区块链技术在物流追踪与验证中发挥着重要的作用，为物流行业带来了显著的优势和效益。随着技术的不断发展和应用，相信区块链技术将在物流领域发挥更大的作用，推动物流行业的持续进步。

第4章　电子商务订单处理与配送

电子商务订单处理与配送的重要性在于能够确保客户订单被准确无误地记录和履行。这不仅关乎客户体验和企业声誉，还是维护客户满意度和忠诚度的基石。而订单管理流程则贯穿了从客户下单到订单完成的整个过程，包括订单接收、验证、处理、发货以及跟踪等核心环节。该流程的目的是确保订单信息的准确无误，提高处理效率，并优化库存管理，从而快速响应和满足客户需求。通过这一流程，企业能够获得宝贵的数据支持，以作出更明智的决策，进而提高整体运营效率和客户满意度。简而言之，电子商务订单处理及其配送管理流程对于企业的成功运营和客户满意度的提高有着至关重要的作用。

电子商务订单管理流程

一个高效且顺畅的订单管理流程，不仅能够确保客户的购物体验顺畅无阻，还能有效提高企业的运营效率和服务质量。从客户下单到商品送达，每一个环节都需要精细管理和协同，以确保订单能够准确无误地完成。下面我们将详细介绍电子商务订单管理的整个流程，包括接收订单、处理订单、物流配送以及售后服务等关键环节，这些环节共同构成了电商业务的核心架构。

一、电子商务订单接收与确认

（一）订单接收的途径和方式

许多消费者选择通过在线商店或电商平台下单。他们可以在网站上轻松浏览商品，选择心仪的产品并加入购物车，之后填写配送信息和完成支付，订单便即时传输到商家的订单管理系统。随着智能手机的普及，移动应用程序成为另一种流行的订单接收方式。消费者可以随时随地在移动应用程序上选购商品，并一键提交订单，信息随即进入处理流程，方便快捷。虽然现已不是主流，但仍有客户习惯通过传统的电子邮件或传真方式发送订单信息。商家在收到这些信息后，需要手动录入系统进行处理。电话订购也为那些对在线操作不熟悉或对线上支付存在疑虑的消费者提供了便利。他们可以直接致电客服，由专人接听并记录订单详情。社交媒体平台也逐渐成为订单接收的新兴渠道。消费者可以在平台上浏览商品，并通过私信或内置的购物功能直接下单。

除了上述途径，商家还可以通过与第三方服务合作来接收订单，例如，通过支付宝、微信等支付平台，这些平台在提供支付服务的同时，也协助商家接收并处理订单。对于拥有线下门店的商家而言，他们还提供了一种特色服务：消费者可以在店内选择商品后转为线上下单，由店员协助完成整个订单流程。这些多样化的订单接收方式不仅适应了消费者的不同需求和购物习惯，还推动了电子商务行业的持续创新和发展。

（二）订单信息的验证与确认

在电子商务交易中，订单信息的验证与确认是保障交易准确无误进行的关键步骤。这一过程涉及多个环节，旨在确保客户提交的订单信息真实有效，并为后续的订单处理奠定坚实基础。

当客户提交订单后，系统会立即启动验证机制。这一机制可能包括电子邮件验证、短信验证码或手动验证等多种方式，以确保下单者是真实存在的且客户意图明确。接下来是订单信息的确认环节。系统会仔细核对订单中的每一项内容，包括商品数量、规格、价格以及客户的配送地址等。并检查商品库存情况，以确保所有订购的商品都能按时发货。对于客户的支付信息也会仔细验证，以确保支付过程的顺畅和安全。在这一过程中，电子商务平台还会运用各种先进的技术手段来保障交易的安全性。例如，数据加密技术可以有效保护客户的个人信息不被泄漏；防火墙技术则能够抵御外部的网络攻击，确保交易系统的稳定运行；而安全审计监控机制则可以实时监控交易过程中的异常情况，及时发现并处理潜在的安全隐患。

为了确保客户在整个验证与确认过程中得到及时有效的帮助，客户服务团队会随时待命，为客户提供专业的咨询和支持。他们不仅能够帮助客户解决遇到的问题，还能根据客户的需求提供个性化的服务方案，从而让客户享受到更加愉快的购物体验。订单信息的验证与确认是电子商务交易中不可或缺的一环。通过严谨的流程和先进的技术手段，人们可以确保每一笔交易都能准确无误地完成，从而为客户带来更好的服务体验。

（三）订单确认后的通知与反馈

在电子商务交易中，订单确认后的通知与客户反馈环节对于提升客户体验和维护客户满意度至关重要。当客户提交订单并完成确认后，系统会立即触发一系列通知机制。这些通知机制通过多种渠道迅速传达给客户，确保他们在第一时间了解到订单的最新状态。平台会通过短信、电子邮件或 App 推送等方式，及时向客户发送订单确认通知，其中包括订单的详细信息、支付状态以及后续的物流追踪信息等。在客户接收到商品后，可以通过便捷的渠道供客户对订单进行评价和反馈。客户可以通过商家的在线评价系统、客服热线或电子邮件等方式，分享他们的购物体验，提出宝贵的意见和建议。为了更有效地处理客户反馈，还要设立专门的客户服务团队。他们不仅负责接收和整理客户的反馈信息，更会针对问题进行深入分析和迅速响应。

无论是商品质量问题、物流延误，还是其他任何方面的疑虑，都要积极与客户沟通，并尽快给出满意的解决方案。定期邀请客户参与满意度调查，以全面了解客户对所购的商品、服务和整体购物体验的满意程度。这些调查帮助我们更准确地把握客户需求，不断优化和提高服务水平。订单确认后的通知与客户反馈是电商服务链条中的关键环节。通过及时、准确的通知和高效、周到的客户反馈处理，商家致力于为客户打造更加愉快、顺畅的购物体验，并持续推动服务品质的提高。

二、电子商务订单处理与分配

（一）订单处理的基本流程

客户通过网站、电话或其他渠道提交订单，明确购买意向，包括所需商品、购买数量以及配送地址等关键信息。这一步骤是订单处理的起点，为后续环节奠定基础。随后，订单信息被传送至销售或客户服务部门，由他们负责验证订单的有效性。这是一个关键的质量控制环节，能够确保后续流程不会因信息错误而产生麻烦。库存团队此时会迅速介入，核实所需商品库存是否充足。

如果发现库存不足，他们会立即与采购部门或供应商协调补货，或者及时与客户沟通，对订单内容进行调整。

在确认库存无虞后，销售团队会再次与客户核实订单内容，包括商品种类、数量、价格以及预计的交货时间等，以确保双方对交易细节有明确的了解。接下来是仓库操作环节。工作人员根据订单详情，精准地从货架上挑选出客户所需的商品，并进行妥善的包装，以防止在运输过程中受损。包装完成后，物流团队会接收，选择最适合的运输方式，确保商品能够安全、准时地送达客户手中。在商品发出后，客户服务团队会紧密跟踪物流状态，以便在出现问题时能够迅速介入并解决问题，确保客户体验的顺畅。当客户收到商品并确认满意后，财务部门会启动收款与结算流程，完成交易的最后一步。在整个流程中，如果客户有任何疑问或需要帮助，客户服务团队就会提供全方位的支持，确保客户的每一个需求都能得到满足。这个流程需要各个部门的紧密协作，确保信息的准确无误和流程的高效运转，从而为客户提供优质的服务，维护并提升公司的品牌形象。

（二）订单分配的原则和策略

分配订单时应考虑执行人员或团队的能力和技能。确保订单与执行人员的专业知识和技术能力相匹配，以保证高质量完成。监控每个执行人员的工作负荷，避免出现过重或过轻的情况。根据订单的紧急程度和重要性来安排优先级别，确保资源合理分配。对于需要现场服务或物流配送的订单，应分配给离客户最近的执行人员或团队。利用物流信息系统优化配送路线，降低成本和提高效率。根据订单的提交时间或要求完成时间来进行分配。优先处理时间紧迫的订单，确保按时交付。订单分配应兼顾客户的实际需求，如对产品产地的特殊要求。避免订单拆分，保持订单的完整性，由单一成员企业完成。

订单分配时要根据订单到达的时间顺序进行分配，适用于资源利用率高、订单量小的情况。选择成本最低的资源进行分配，以节约成本为主要目标。在订单较少或资源性能相近时，可采用随机算法进行分配。利用智能算法和数据分析技术进行优化分配，提高效率和准时性。电商企业常选择距离最近的仓库进行分配，以降低运输成本和交货时间。

（三）订单处理中的异常处理

在繁忙的订单处理流程中，难免会遇到一些不按常规出牌的"异常订单"。这些特殊情况可能源于客户需求的变更、物流的临时调整，或是系统的小插曲。如何稳健地应对这些挑战，确保每一笔订单都能得到妥善处理呢？

当遇到订单延迟的情况，及时透明地沟通是关键。第一时间通知客户，解释原因并提供明确的解决方案，能够有效缓解客户的不满和焦虑。面对订单信息错误的问题，如地址、商品数量或型号的出入，需要迅速联系客户核实并更正信息。对于已经发货的订单，则应立即与物流公司协调，尽可能减少客户的损失系统或技术故障可能导致订单状态异常。除尽快恢复系统外，还应对受影响的订单进行逐一核查，确保每笔订单的状态都准确无误。

恶意订单和欺诈行为是另一个需要警惕的问题。通过建立严格的订单审核机制，加强与支付平台的紧密合作，可以有效识别和防范这类行为，保护公司和客户的利益。异常订单管理不仅需要灵活应变的能力，更需要完善的机制和流程作为支撑。只有这样，才能在各种突发情况下保持冷静，确保每一笔订单都能得到及时、准确的处理。

三、电子商务订单支付与结算

（一）支付方式的选择集成

传统的电子商务支付流程有两种：一种是先支付后配送，另一种是先配送后支付。支付与配送的顺序不同会直接决定是买方还是卖方承担风险。如果是先支付后配送流程，那么买方通过网络向卖方提交商品订购申请（订购单）；再向银行提交支付请求给卖方；验证支付，卖方收到买方的订购单后向开户银行进行验证，支付银行响应卖方的验证请求，将买方的支付情况进行确认，并反馈给卖方；卖方收到货款后向买方配送商品；商品验收，买方收到货品后进行验货。如果先配送后支付流程则由买方通过网络向卖方提交商品订购申请（订购单）；卖方收到订单后向买方配送商品；买方收到货品后进行验货；买方向银行提交支付请求给卖方；卖方向开户银行进行验证支付；银行响应卖方的验证请求，将买方的支付情况进行确认，并反馈给卖方。

对比两种支付方式的流程，可以看出前者由于支付在先配送在后，因此买方有可能受到"卖方"的欺诈，承担拿不到商品的风险；而后者由于配送在先支付在后，因此卖方有可能受到"买方"的欺诈，承担收不回货款的风险。

由此可以看出，在现有的传统支付方式下，无论是先支付还是先配送，风险总是存在的，只不过是承担风险的主体不同而已。因此，需要对现有的支付流程进行改进，目的是要消除交易中的风险。

由此新的支付方式产生了，即第三方支付。所谓"第三方支付"就是由非银行的第三方投资运营的网上支付平台，第三方支付平台提供商通过通信、计算机和信息安全技术，在商家和银行之间建立连接，起到信用担保和技术保障的职能，从而实现从消费者到金融机构以及商家之间货币支付、现金流转、资金清算、查询统计的一个平台。客户向商家发出购物请求，并将相应数额货款存入开设在第三方中介机构的账户中。第三方中介机构将收到货款的消息发送给商家，并要求商家发货给客户。商家发货给客户，并通知第三方中介机构已经发货。客户收到货物后若满意，通知第三方中介机构把货款给商家；如果客户不满意，将货物返回给商家，从第三方中介机构的账户中撤出货款。第三方中介机构收到客户付款指示时将货款从客户账户转到商家账户，完成交易。改进后的流程借助于第三方支付平台有效地保障了网上交易双方的利益。买方选购商品后，使用第三方支付平台提供的账户进行货款支付，由第三方中介机构通知卖家货款到达、进行发货；买方检验物品后，就可以通知付款给卖家，第三方中介机构再将款项转至卖家账户。相对于传统的资金划拨交易方式，第三方支付平台比较有效地保障了货物质量、交易诚信、退换要求等环节，在整个交易过程中，可对交易双方进行约束和监督。在不需要面对面进行交易的电子商务形式中，第三方支付平台为保证交易成功提供了必要的支持，有效地保障了网上交易双方的利益。第三方支付模式在电子商务中的应用有效避免了交易过程中的退换货、诚信等方面的风险，有力地推动了电子商务的发展。但就目前而言，其应用仍然存在一些问题，这些问题的出现都将会对第三方支付模式的发展产生一定的影响。但随着电子商务应用环境的不断改善，法律的完善、监管政策的正确引导，相信第三方支付平台在支付产业链上会发挥支柱作用。

（二）支付流程的设计与优化

在支付流程的设计上，需要跳出固有框架，以更广阔的视野来思考。将支付与其他业务领域相结合，如电商、金融、社交等，打造"一站式"的综合服务体验。借助物联网、生物识别等技术，实现支付的自动化和便捷化，让用户在不知不觉中完成支付。

在支付流程的优化方面，通过减少操作步骤、优化界面设计，让用户能够更快速地完成支付，加强身份验证、数据加密等安全措施，确保用户资金的安全。为用户提供即时的支付状态更新和交易提醒，增强用户的信任感。通过区块链技术的去中心化、不可篡改等特性，提高支付的透明度和可信度，运用 AI 算法对用户行为进行分析和预测，为用户提供更加个性化的支付服务。借助 5G 网络的高速度、低时延等特点，提高支付交易的效率和稳定性。

支付流程的优化和创新是一个持续的过程。这就需要密切关注市场动态和用户需求，及时调整和完善支付流程。另外，还应积极与各行业合作伙伴携手推进，共同推动支付行业的持续发展和进步。通过重塑支付流程、应用创新技术并持续改进迭代，为用户带来更加便捷、安全、高效的支付体验，引领支付行业迈向新的发展阶段。

（三）结算与对账的自动化处理

自动化结算系统如今已成为企业资金管理的得力助手。这些先进的系统能够自动、迅速、准确地处理海量的资金收付和结转任务，极大地提高了工作效率。更重要的是，它们通过算法和对数据的精准匹配，几乎消除了出现人为错误的可能性，从而为企业带来了更加稳健的现金流管理。自动化结算系统的深度整合能力也令人瞩目。它们与企业内部的财务系统、外部的支付和清算渠道紧密相连，确保了数据的实时性、一致性和准确性。这不仅让企业的资金状况一目了然，还为战略决策提供了坚实的数据支撑。自动化对账技术的崛起也为企业账目管理带来了翻天覆地的变化。传统的对账流程烦琐、耗时且易出错，而自动化对账系统则通过先进的数据匹配和核对技术，实现了账目的秒级核对，大大提高了对账的效率和准确性。

这些系统还与银行、供应商等关键合作伙伴建立了数据接口，实现了信息的实时共享和交换。这意味着，一旦有任何异常或错误，系统都能迅速发现并提醒，从而确保了企业财务的安全与合规。自动化结算与对账的引入，不仅为企业带来了高效率和准确性的双重提升，也在深层次上改变了企业财务管理的模式和理念。它降低了对人力资源的依赖，让财务人员能够从烦琐的日常工作中解脱出来，更多地参与到战略规划和决策支持中去。结算与对账的自动化不仅是技术进步的体现，更是企业管理理念和模式的升级。它让企业更加灵活、高效地管理资金，同时为企业的长远发展注入了强大的动力。随着技术的进一步发展和完善，自动化结算与对账将在未来的企业财务管理中发挥更加核心的作用。

四、电子商务订单状态跟踪与查询

（一）订单状态的定义与更新

订单状态在电商和供应链管理中是一个核心概念，用于准确描述订单在其生命周期中所处的不同阶段。这些状态从客户下单开始，一直到订单完成，为各方提供了关于订单进度的明确信息。它反映了从客户下单到订单完成整个交易流程的进度。订单状态的更新确保了交易的透明性、客户满意度以及供应链管理的效率。

订单状态通常从"待支付"开始，这表示客户已经选择了商品但尚未完成支付。一旦客户完成支付，订单状态会迅速更新为"已支付"，标志着交易正式进入处理阶段。随后，订单会进入"待发货"状态，这意味着商品正在等待出库。当商品被打包并准备发货时，订单状态会更新为"已发货"，此时客户会收到相应的发货通知。在运输过程中，订单可能处于"运输中"状态，客户可以通过物流信息追踪订单的具体位置。最终，当客户收到商品并确认后，订单状态会更新为"已完成"，这标志着整个交易流程的结束。在这个过程中，订单状态的每一次更新都是对客户和供应链团队的一次通知，它不仅保障了交易的顺利进行，还提高了客户对交易进度的感知，从而增强了购物体验。同时，对于供应链团队来说，准确的订单状态也是他们进行库存管理和物流调配的重要依据。因此，订单状态的定义与更新是电商和供应链管理中不可或缺的一环。

（二）订单跟踪系统的设计与实现

订单跟踪系统的设计与实现是一个综合性的工程项目，它要求将现代信息技术、数据库管理和用户界面设计等多个领域的知识融为一体。在设计这样一个系统时，人们要明确系统的核心目标：提供实时、准确的订单状态信息和物流跟踪数据，以增强客户体验和提高运营效率。

系统的实现要从需求分析开始，深入理解用户和管理人员的实际需求，比如，用户希望能够方便查看订单状态、物流进度，而管理人员则需要强大的数据分析工具来优化运营。构建一个稳固的系统架构，这个系统架构应当包括订单生成、物流跟踪和后台管理三大模块，使它们之间通过高效的数据交换机制保持信息的实时更新和同步。在数据库设计方面，需要考虑到数据结构的合理性、查询效率以及数据的安全性。前端界面设计则要注重用户友好性和直观性，确保用户可以轻松地获取所需信息。后端逻辑的实现是系统的核心，它需要处理复杂的业务逻辑，如订单状态的实时更新、物流信息的获取与展示，以及异常情况的处理等。在实现过程中，代码的编写需要遵循最佳实践原则，确保系统的稳定性和可扩展性。

通过全面的测试来验证系统的各项功能是否按照预期工作，这包括单元测试、集成测试和系统测试等多个阶段。系统上线后还需要持续地维护和升级，以适应业务需求的变化和技术的更新。订单跟踪系统的设计与实现是一个需要细致规划和严格执行的过程，它要求开发团队具备跨领域的知识和技能，以确保最终交付的产品能够满足用户的期望和需求。

（三）订单查询服务的提供

订单查询服务是电商平台或供应链管理系统中的重要功能，旨在为用户提供便捷、实时的订单状态和信息查询。通过这项服务，客户可以随时随地了解订单的处理进度、发货状态以及预计的送达时间。为了实现这一功能，系统需要设计一个易于使用的查询接口，并通过高效的数据库查询来获取最新的订单数据。此外，订单查询服务还应具备快速响应和准确提供信息的能力，以确保用户能够及时获取到所需信息，进而提升用户体验和满意度。同时，为了保护用户隐私和数据安全，查询服务还应实施严格的身份验证和访问控制机制，防止未经授权的访问和数据泄漏。订单查询服务的提供不仅要求系统具备高效的数据处理能力和用户友好的界面设计，还需要注重数据的安全性和隐私保护，以满足用户对订单信息的实时、准确查询需求。

五、电子商务订单完成与售后服务

（一）订单完成的标志与流程

订单完成的标志是客户确认收货，即客户在收到商品并确认其完好无损后，正式接收该商品，这被视为交易成功的重要一步。再者是支付完成，对于需要在线支付的订单而言，支付成功就代表着客户已经履行了付款义务，商家可以据此展开后续的服务或发货流程。

物流状态的更新也是订单完成的一个重要指标，特别是当物流信息显示商品已经被签收时，这标志着商品已经顺利送达客户手中。而订单完成的流程通常从接收并确认客户通过电商平台或其他渠道下达的订单开始，商家在确认订单无误后立即着手处理，包括准备相应的商品、进行细致的包装以及联系物流公司进行配送。商家会更新订单状态为"已发货"，并提供物流追踪信息，以便客户能够实时了解商品的运输情况。物流公司则承担起将商品从商家安全快速地运送到客户指定地址的责任。在客户收到商品并进行仔细检查后，一旦确认商品完好，便会签收并在电商平台上进行收货确认，此时订单的状态会自动更新为"已完成"。此后，根据客户需求，商家可能还会提供诸如退换货、维修等售后服务，以确保客户满意度的持续提升。在整个流程中，订单状态的每一次更新都很关键，它保障了交易的透明性，并保证双方随时掌握订单的最新进展。

（二）售后服务的提供与管理

售后服务的提供首先要求企业建立起一套完善的客户服务体系。这一体系应包括快速响应机制，确保消费者在遇到问题时能够得到及时的解答和处理。客服团队的专业性和服务态度至关重要，他们需要具备丰富的产品知识和出色的人际沟通能力，以便有效地解决客户的各种疑问和困扰。

售后服务的管理也要求企业具备高效的信息化系统。通过客户关系管理软件，企业可以系统地跟踪和管理客户的反馈，及时发现并解决问题。这种信息化管理方式不仅提高了工作效率，也使企业能够更加精准地了解客户需求，为产品改进和市场策略调整提供数据支持。除了上述的客户服务体系和信息化管理外，售后服务还包括退换货政策的制定和执行。一个公平且灵活的退换货政策能够极大提升客户的购买信心，也是企业诚信经营的重要体现。在处理退换货请求时，企业应秉持客户至上的原则，尽量减少客户的等待时间和处理流程，让客户感受到真正的便利和尊重。售后服务不应仅仅局限于问题的解决，更应看作与客户建立长期关系的一个契机。企业可以通过定期的客户回访、满意度调查等方式，主动收集客户意见，不断优化服务流程，甚至将这些反馈转化为产品创新的动力。在这个过程中，售后服务不仅是一个成本中心，更能够成为一个创造价值的源泉。

（三）客户反馈的收集与处理

收集客户反馈是第一步，这通常需要通过多种渠道进行，如在线调查、产品评论区、客户服务热线、社交媒体互动等。这些渠道为企业提供了与客户直接沟通的桥梁，使企业能够实时捕捉市场动态和消费者需求的变化。

在线调查是一种主动出击的方式，通过设计针对性强的问题，企业可以系统地收集客户对产品和服务的具体评价。而产品评论区则是客户自主表达意见的平台，这里汇聚了大量真实的用户体验和直接的产品反馈。处理客户反馈是第二步，它需要企业展现出高度的敏感性和专业性。每一条客户反馈，无论是正面的赞扬，还是负面的批评，都应该被认真对待和分析。正面的反馈可以增强企业的信心，同时是对产品和服务的肯定；而负面的反馈则提供了宝贵的改进机会，企业应该迅速响应，查明问题原因，并采取有效措施进行纠正。

在处理负面反馈时，企业的态度和行动尤为关键。一个负责任的企业会首先向客户表达歉意，并承诺尽快解决问题。这种诚恳的态度不仅能够缓解客户的不满情绪，还能够重建客户的信任。同时，企业内部应该设立专门的团队来分析和解决客户反馈中的问题，确保问题得到根本性的解决，而不是仅仅停留在表面的道歉和应付上。除了直接回应客户的反馈外，企业还应该建立一种机制，将这些反馈整合到产品和服务的持续改进中。客户的意见和建议往往反映了市场的真实需求和期望，企业如果能够及时捕捉并响应这些需求和期望，就能在激烈的市场竞争中占得先机。客户反馈的收集与处理是一个系统性、持续性的过程，它要求企业具备敏锐的市场洞察力和强大的执行能力。

通过有效地收集和处理客户反馈，企业不仅能够提升产品和服务的质量，还能够增强与客户的联系，进而实现可持续的发展。在这个过程中，企业展现出的诚信和专业性将成为其品牌形象的重要组成部分，为企业在电子商务领域的长远发展奠定坚实的基础。

电子商务订单的配送策略与方法

配送服务是电子商务链条中的终端环节，它深刻影响着客户的购物体验和满意度。高效且准确的配送服务能够加深客户对企业的信赖，并激发他们的忠诚度，从而为企业带来销售额和利润的提高。在快节奏的现代生活背景下，配送的迅速性成了企业间竞争的一个新的着力点，而配送的准确性则是减少失误、提升服务品质的关键。此外，灵活多变的配送策略也是企业应对市场多元化需求的重要法宝。鉴于此，电子商务企业必须持续精进配送策略与方法，以确保在竞争激烈的市场中稳固自身的地位。

一、电子商务订单的配送网络规划

（一）配送网络的设计原则

服务水平原则是配送网络设计的基石。一个优秀的配送网络必须能够在客户要求的时间内准确、完整地送达货物。这包括对准时交货的承诺，即无论客户在何地，都能在规定的时间内收到订单商品。

运输安全也是不可忽视的一环。确保货物在运输过程中不受损坏或丢失，对于维护企业声誉和客户信任至关重要。为了实现这一点，高效的信息传递系统是必不可少的，它可以让客户实时跟踪货物状态，提供透明化的物流服务。而成本效益原则要求配送网络在保证服务质量的同时，也要考虑经济效益。仓储和运输成本是物流成本的主要组成部分，因此合理配置仓储和运输设施，以及优化库存水平，是降低这些成本的关键。例如，通过选择地理位置优越的配送中心和高效的运输方式，可以减少运输距离和时间，从而降低运输成本。而利用先进的库存管理技术来准确预测需求并优化库存，可以避免库存积压和浪费。

灵活性原则在现代多变的市场环境中显得尤为重要。配送网络应具备足够的灵活性以适应市场需求的变化。这包括采用多种运输方式以适应不同的配送需求，建立多渠道配送系统以覆盖更广泛的地区和客户，以及利用信息技术来快速响应市场变化。例如，通过大数据分析预测未来的销售趋势，并据此调整配送策略和路线，可以提高配送效率和客户满意度。

在追求经济效益的同时，人们也应关注配送活动对环境和社会的影响。通过采用绿色运输方式、优化包装材料以及提高能源利用效率等措施，可以减少配送过程中的环境污染和资源浪费，实现可持续的物流发展。

（二）配送中心的选址与布局

在选址方面，首先要考虑的是配送中心与目标市场之间的距离。选择一个接近主要客户群或市场需求旺盛的区域建立配送中心，可以显著减少运输距离和时间，从而提高配送效率。

交通便捷性也是选址的重要因素之一。配送中心应位于交通便利的地段，如靠近高速公路、铁路或港口等交通枢纽，以便于货物的快速集散。除了地理位置外，经济因素也是选址过程中必须考虑的。地价、租金以及当地劳动力成本等都会影响到配送中心的运营成本。因此，在选址时需要综合考虑这些因素，以确保配送中心的经济性。在配送中心的布局方面，先要考虑的是作业流程的顺畅性。合理的布局应确保货物从入库到出库的过程顺畅无阻，减少不必要的搬运和等待时间。例如，可以将存储区、分拣区和打包区等按照作业顺序进行合理排列，以提高作业效率。

空间利用率也是布局设计中需要考虑的重要因素之一。通过合理利用空间，可以增加配送中心的存储容量，提高空间的使用效率。例如，可以采用高层货架和立体仓库等技术手段来充分利用空间。安全性也是布局设计中不可忽视的一环。配送中心的布局应确保作业人员的安全，避免发生意外事故。例如，可以设置安全通道、安装消防设施等来提高配送中心的安全性。配送中心的布局还应考虑未来的扩展性。随着业务的发展，配送中心可能需要不断扩大规模或增加新的功能区域。因此，在布局设计时应预留一定的扩展空间，以便于未来的发展和调整。

二、电子商务订单的配送方式选择

（一）配送方式选择的考虑因素

根据货物的性质选择配送方式。不同类型的货物可能需要不同的配送方式。例如，生鲜食品可能需要冷链运输来确保新鲜度，而大宗货物则可能更适合通过铁路或海运进行长途运输。因此，企业需要根据货物的性质来选择最适合的配送方式。

运输成本也是选择配送方式时必须考虑的因素。不同的配送方式在成本上存在差异，包括运输费用、装卸费用、保险费用等。企业需要综合考虑各种费用，以确定最经济的配送方式。例如，对于小件商品紧急补货，空运虽然速度快但成本较高，而陆运或海运则可能在成本上更为划算。运输速度和交货时间也是选择配送方式时需要考虑的重要因素。客户对交货时间的要求越来越高，因此企业需要选择能够快速、准时送达的配送方式。例如，对于急需的货物，企业可能会选择空运或快递服务来确保及时交货。

除上述因素外，企业还需要考虑自身的运营能力和资源情况。例如，如果企业拥有自己的车队和仓储设施，那么自营配送可能是一个更好的选择。而如果企业缺乏这些资源，那么与第三方物流服务商合作可能更为合适。灵活性和可扩展性也是选择配送方式时需要考虑的因素。随着业务的发展和市场需求的变化，企业可能需要调整配送方式。因此，选择的配送方式应具有一定的灵活性和可扩展性，以便于企业根据市场需求进行快速调整。客户服务和满意度也是不容忽视的因素。配送方式的选择应能够提升客户满意度，如提供准确的交货时间、方便的退换货服务等。通过提供优质的客户服务，企业可以赢得客户的信任，进而促进业务的长期发展。

（二）配送方式的成本效益分析

配送，作为物流活动的终端环节，是与消费者直接接触的点，配送服务的质量在很大程度上影响着消费者对企业的整体印象。快递企业的配送成本主要包括从快递进入配送中心到送达消费者手中这一过程中所产生的所有费用，分为固定成本和变动成本两部分。固定成本主要是设施、设备和车辆的费用，而变动成本则涵盖运输、库存保管、人员工资、超时罚金以及货损等各种费用。

目前，快递企业的配送成本占其物流成本的比例高达30%，表明了配送成本管理的重要性。但在配送成本管理中，快递企业面临诸多问题。快递企业对配送成本管理的认识不足是其中之一。在许多快递企业中，管理人员的教育背景与物流管理并不总是相关，导致对成本管理的理解有限。而基层员工对于成本管理的概念模糊，不清楚成本上升的原因及其对企业的长远影响。这种认知上的不足直接影响了成本管理的有效实施。此外，配送成本的测算方法和标准缺乏统一性。目前尚未有统一的方法和标准来计算配送成本，导致不同快递企业或同一企业的不同配送中心在计算时存在差异，进而造成成本计算的误差和管理上的不便。配送效率方面也存在问题。随着网购的逐年增长，特别是在促销活动期间，如"双十一"期间，快递量的激增给配送中心带来了巨大压力，导致配送超时。即便在非促销期，不合理的配送路径和装车方式也经常导致配送效率低下，进而增加成本。

还有一个关键问题是配送中心的选址。不合理的选址会直接导致运输距离的增加，从而提高运输成本。现实中，许多快递公司在选址时缺乏深入的分析和科学的计算，使得配送中心的选址并非总是最优。同时，偏远地区的物流体系建设也相对滞后。由于人口稀少和快递需求低，这些地区的物流基础设施和信息化建设常常不完善，导致物流信息滞后和运输工具落后，进而使单次配送的成本远高于城市地区。

三、电子商务订单的配送时效管理

（一）配送时效的定义与重要性

配送时效是指在物流配送过程中，从订单下达到顾客实际收到商品所需的时间长度。这一指标是衡量物流服务质量的关键要素之一，对于快递公司、电商平台以及消费者而言都具有极其重要的意义。在现代商业环境中，快速、准确的配送服务已经成为企业竞争力的重要组成部分。

快速的配送不仅能够满足消费者对购物便利性的需求，还能增强消费者对品牌的信任和忠诚度。对于电商平台而言，高效的配送服务是吸引和留住顾客的关键因素之一，也是提升用户体验、打造品牌形象的重要手段。配送时效对于快递公司和物流配送服务提供商而言，更是直接关系其运营成本、服务质量和市场竞争力。较短的配送周期意味着更高的物流效率和更快的资金周转，同时有助于降低库存成本和运营成本。

快速且准时的配送还能减少因延误而引发的客户投诉和纠纷，提升客户满意度，进而巩固和拓展市场份额。配送时效的重要性还体现在对供应链管理的优化上。在全球化的供应链体系中，各个环节的紧密衔接和高效协同是确保整个供应链流畅运转的关键。配送作为供应链的最后一环，其时效性直接影响到整个供应链的效率。快速的配送能够帮助企业更快地响应市场需求，减少库存积压，提高资金利用率，从而增强企业的灵活性和市场竞争力。配送时效在应对突发事件和满足特殊需求时会显现其作用。例如，在自然灾害或紧急情况下，快速的配送服务能够及时将救援物资送达受灾地区，为救援工作赢得宝贵时间。对于医疗、生鲜等特殊行业，配送时效更是直接关系患者的生命安全和产品的品质。

（二）配送时效的保障措施

配送时效的保障是一个综合且细致的工作，涉及物流系统、运输方式、配送流程等多个方面的优化和协同。为了确保配送时效，需要构建一个高效稳定的物流系统。这包括引进先进的仓储管理系统，通过自动化和智能化的设备来提高货物的存储出库效率。

采用物联网技术，实时监控仓库的温湿度、库存量等关键指标，确保货物在最佳状态下保存。在运输方式的选择上，应根据货物的性质、数量和目的地来灵活选择最合适的运输工具。对于短途配送，电动车或小型货车可能是更为经济高效的选择；而对于长途运输，则可能需要考虑使用大型货车或集装箱运输。

无人机和自动驾驶车辆等新型运输方式也逐渐成为提高配送效率的新选择。配送流程的优化也是保障配送时效的关键。通过精简流程，减少不必要的环节，可以显著提高配送速度。例如，采用电子订单处理和自动化的分拣系统，可以大大减少人工操作的时间和误差。此外，合理的配送路线规划也是关键，利用先进的路径优化算法，可以确保配送车辆以最短的时间和最优的路线完成送货任务。除了以上措施外，还应建立一套完善的应急响应机制。在面对恶劣天气、交通事故等突发情况时，能够迅速调整配送计划，确保配送任务不受影响。这可能包括临时调整配送路线、增加配送人员或车辆等。

为了确保这些措施的可行性和可操作性，企业应定期对员工进行培训，以此提高他们的专业技能和应对突发情况的能力。同时，通过定期的评估和反馈，不断优化和完善配送流程，确保配送时效得到持续的提升。

（三）配送时效的监控与优化

配送时效的监控与优化直接关系客户满意度和企业的运营效率。为了实现对配送时效的有效监控，企业需要建立一个完善的物流信息系统，该系统能够实时追踪货物的配送状态，并提供准确的预计到达时间。通过 GPS 定位、物联网传感器等技术手段，可以实时监控货物的位置和状态，确保配送过程的透明化和可预测性。

在优化配送时效方面，企业可以采取多种措施。首先，优化仓储布局和管理是关键。合理规划仓库空间，提高货物存储效率，减少不必要的时间浪费。其次，通过引入自动化和智能化的物流设备，如自动分拣系统、无人搬运车等，可以大幅提升物流配送的准确性和速度。最后，运输路线的优化也至关重要。利用先进的路径规划算法和实时交通信息，选择最快捷的配送路线，避开拥堵区域，可以明显缩短运输时间。同时，合理安排发车时间，避免在交通高峰期进行配送，也能有效提高配送效率。

在人员管理方面，定期对配送人员进行培训和考核，增强其专业技能和服务意识，也是提升配送时效的重要手段。一支高效、专业的配送团队能够在最短的时间内准确完成配送任务，从而提升客户满意度。通过大数据分析和人工智能技术，企业可以对历史配送数据进行深入挖掘和分析，发现配送过程中的"瓶颈"和问题，并针对性地提出优化方案。这种数据驱动的优化方法能够更加精准地提高配送时效，满足客户的期望和需求。

配送时效的监控与优化需要企业在物流信息系统、仓储管理、运输路线规划、人员管理以及数据分析等多个方面进行综合考量和持续改进。只有这样，才能确保货物能够快速、准确地送达客户手中，提高企业的竞争力和市场份额。

四、电子商务订单的配送跟踪与查询

（一）配送跟踪系统的设计与实现

设计并实现一个配送跟踪系统，要明确系统的核心功能和目标：实时跟踪配送过程、展示配送状态、管理配送相关信息，并确保数据的安全性和系统的稳定性。为了实现这一目标，需要采用前后端分离的设计思路，以及微服务架构来确保系统的高可用性和可扩展性。在技术选型上，后端可以采用如 SpringBoot 这样的现代 Java 框架，利用其强大的生态和易用性快速搭建后端服务。前端则可以选择 React，利用其组件化的开发方式和丰富的生态来提高开发效率。

在数据库方面，选择 MySQL，它稳定、可靠，且能满足大部分的业务需求。在数据库设计上，需要设计几张核心表：订单表用于存储订单的基本信息和状态；配送员表用于记录配送员的基本信息和配送状态；配送记录表则用于实时记录每个订单的配送进度和状态。系统后端将提供 RESTful API 以供前端调用，包括获取订单列表、获取单个订单详情、更新订单状态等。每个 API 都应进行严格的权限验证和数据校验，以确保数据的安全性和准确性。前端界面设计上，应追求简洁、直观和易用。主界面可以展示订单列表，每个订单显示其当前配送状态和预计送达时间。点击某个订单，可以进入订单详情页，展示更详细的配送信息和订单内容。此外，还可以提供一个地图视图，实时展示配送员的位置和配送路线。

在系统实现上，还应注重异常处理和日志记录，以便在出现问题时能够快速定位和修复。

为了保证系统的稳定性，可以采用负载均衡和集群部署的方式，确保系统在高并发场景下依然能够稳定运行。为了确保系统的安全性，更需要对所有的数据传输进行加密处理，如使用HTTPS进行通信，对敏感数据进行脱敏处理等。同时，定期对系统进行安全检查和漏洞扫描，及时发现并修复潜在的安全隐患。通过合理的技术选型、数据库设计、前后端分离的开发方式以及严格的安全措施，人们可以实现一个功能完善、稳定可靠的配送跟踪系统。

（二）配送信息的实时更新与查询

配送信息的实时更新与查询是配送跟踪系统的核心功能之一，它对于确保配送过程的透明性和客户满意度至关重要。为了实现这一功能，系统需要建立一个高效的数据更新机制，以便在配送过程中的任何变化都能及时反映到系统中。每当配送员更新订单状态、位置信息或其他关键数据时，系统应能够接收这些更新并实时存储到数据库中。这通常通过移动端应用或专用设备的数据上传功能来实现，以确保信息的即时性和准确性。

系统应提供便捷的查询接口，允许客户、管理员和其他相关人员通过网页端或移动端应用随时查询配送信息。查询功能需要设计得直观易用，能够展示订单的当前状态、配送员的位置、预计送达时间等详细信息。此外，系统还应支持对历史配送记录的查询，以便进行数据分析或处理潜在的纠纷。

在技术上，实时更新与查询功能的实现依赖于后端服务的快速响应和数据库的高效查询。后端服务需要能够处理高并发的数据更新请求，并将更新同步到所有相关的数据节点，以确保数据的一致性。在数据库方面，则需要优化查询性能，通过索引、缓存等技术手段减少查询延迟，提升用户体验。配送信息的实时更新与查询是配送跟踪系统不可或缺的一部分，它通过高效的数据处理和便捷的查询接口，为用户提供了透明、可靠的配送服务体验。

（三）配送异常的处理与反馈

配送异常的处理与反馈直接关系客户满意度和企业的运营效率。在配送过程中，可能会出现各种异常情况，如配送延迟、货物丢失或损坏、地址错误等。为了有效应对这些情况，需要建立一个完善的异常处理机制。一旦配送员或系统自动检测到异常情况，应立即启动应急响应流程。这包括及时通知相关管理人员和客户，说明异常的具体情况，并提供可行的解决方案。例如，在配送延迟的情况下，可以通过调整配送路线、增加配送人员或车辆来加快配送速度。如果货物丢失或损坏，应与客户协商补发或赔偿事宜。

为了确保配送异常处理的透明度和效率，应建立一个专门的反馈渠道，允许客户和其他相关人员报告异常情况，并提供实时的处理进度更新。这可以通过在线平台、电话客服或专用的应用程序来实现。在处理配送异常时，还应注意数据的记录和分析。通过对异常情况的统计和分析，可以发现配送过程中的薄弱环节，并采取针对性的改进措施，以减少类似异常的发生。对于客户的反馈，企业应给予高度重视。客户的满意度是衡量物流服务质量的重要指标之一。因此，应认真倾听客户的意见和建议，并及时做出回应和调整。

五、电子商务订单的配送服务质量提高

（一）配送服务质量的评估指标

配送服务质量的评估是一个多维度的考量过程，它涵盖了多个关键指标。交付及时率是衡量服务是否能在客户要求的时限内完成的重要指标，直接体现了服务效率和对客户的尊重。同时，正确交付率反映了服务提供者能否准确无误地将货物送达目的地的能力，这是客户满意的基础。此外，客户满意度是评价服务质量最直接的方式，通过收集和分析客户的反馈，可以了解服务在客户心中的真实评价。当遇到客户投诉时，配送服务商的响应速度和处理效果也是评价其服务质量的重要依据。除了以上这些，服务时效、物流完整性等方面也是不可忽视的评估要素，它们共同构成了评估配送服务质量的综合框架。因此，在评价配送服务质量时，需要全面考虑这些指标，从而得出一个准确且全面的评价。

（二）提升配送服务质量的策略与方法

提升配送服务质量是一个综合且系统的过程，需要从多个维度入手。企业需牢固树立以客户为中心的物流配送服务理念，深化全员的服务意识，确保员工在工作中始终将客户满意度放在首位。

通过引进现代化、高效的物流配送设施设备，结合信息技术的应用，不断优化物流配送流程，从而提高服务的时效性、安全性和可靠性。完善物流配送服务网络，特别是仓储和运输网络的布局，能够进一步提升服务的覆盖面和响应速度。同时，建立并持续完善质量管理体系也是关键，通过明确服务指标、考核标准以及有效的反馈机制，实现对服务质量的实时监控和持续改进。例如，加强员工培训，提升他们的专业素养和服务意识，同时辅以合理的激励和考核机制，能够激发员工的积极性和责任心。

与供应商和合作伙伴建立稳固的协作关系，确保产品供应链的稳定性和高效性，同时注重客户服务体系的建设，提供全方位、专业化的服务，以增强客户的满意度和忠诚度。通过这些综合措施的实施，企业可以全面提升配送服务质量，从而在激烈的市场竞争中脱颖而出。

（三）配送服务质量的持续改进

配送服务质量的持续改进是一个持续不断的过程，它要求企业始终追求卓越、不断完善服务细节。为了实现服务质量的持续提高，企业需要建立并优化质量管理体系，制定明确的配送服务质量标准，并定期评估服务质量，以便及时找出并改进不足之处。强化员工培训与管理也是关键，通过定期的专业技能和服务意识培训，提高配送人员的专业水平，确保他们能提供高质量的服务。此外，运用先进的技术手段，如物流管理软件、大数据和人工智能等，可以帮助企业实现配送过程的智能化和可视化，以提高配送效率和准确性。企业还应根据历史数据和客户反馈不断优化配送流程和路线，减少配送时间和成本，提高效率。在与客户沟通方面，建立有效的反馈机制，及时收集和处理客户投诉和建议，以更好地满足客户需求。

关注环境可持续性和绿色发展是企业不可忽视的责任。在实施持续改进的过程中，企业应鼓励员工提出改进建议和创新点子，为配送服务的持续改进注入新的活力，并跟踪行业最新动态和技术发展趋势，及时引入新技术和新理念。通过实施这些综合措施，企业可以不断提高配送服务质量，进而满足客户日益增长的需求和期望。

电子商务中的库存管理与优化

电子商务的快速发展，得益于互联网技术的深入应用，深刻改变了市场经济的运作方式。库存管理作为电商领域的核心环节，其成本高昂，几乎占据商品售价的一半，直接影响着企业的利润大小。优化库存管理可降低运营成本、提升客户满意度、促进企业合作。电商的崛起推动了物流服务行业的创新与进步，为库存管理的进一步优化提供了有力支持。

一、电子商务中的库存规划与控制

（一）库存规划的基本原则

企业在进行库存管理时，首要任务便是根据历史销售数据、市场趋势以及季节性变化，运用科学的方法预测未来的库存需求。这种预测不是凭空而来的，而是需要综合多方面的信息和数据，进行深入的分析和研判得出结论。只有这样，企业才能在合适的时机补充库存，确保产品的供应不会中断，同时避免了库存积压带来的资金风险。

定期盘点和更新库存数据是库存管理中不可或缺的工作。通过盘点，企业不仅可以了解实际库存情况，还能及时发现并纠正可能存在的误差和问题。同时，随着市场和供应链的变化，库存数据也需要不断地更新和优化，以保持其时效性和准确性。这样，企业就能更好地把握市场动态，及时调整库存策略。优化采购和供应链也是库存管理中的重要一环。企业需要与供应商建立良好的合作关系，确保采购的及时性和成本效益。同时，通过改进供应链的流程和配送方式，可以进一步提高效率，减少浪费。这不仅有助于降低库存成本，还能提升客户满意度，从而增强企业的市场竞争力。

在库存规划中，建立合理的备货策略也是至关重要的。企业需要根据产品的销售情况和季节性需求来科学订购库存，既要避免库存积压，又要防止缺货现象的发生。这就要求企业必须对市场有深入的了解和敏锐的洞察力，以便及时调整备货策略，满足市场需求。合理的分类和标识管理也是提升库存管理效率的关键。通过对产品进行科学的分类和标识，企业可以迅速准确地找到所需产品，从而提高工作效率，减少失误操作和浪费。

合理的库存位置和储存方式也能确保产品的安全和保质，降低库存损耗和风险。为了进一步提高库存管理的效率和准确性，完善的货物流转和信息流转管理系统是必不可少的。通过系统化管理，企业可以确保库存操作流程的标准化和规范化，减少人为错误和疏漏。借助现代化的信息技术手段，如物联网、大数据等，企业可以实现库存信息的实时更新和共享，提高决策效率和响应速度。数据分析和决策支持在库存规划中发挥着越来越重要的作用。通过对销售数据、库存周转率、产品生命周期等关键指标进行深入分析，企业可以更加精准地把握市场动态和客户需求，为库存决策提供有力的数据支持和依据。建立科学的库存管理指标和预警机制也能帮助企业及时应对市场变化和需求波动带来的挑战和问题。

（二）库存控制的方法与技巧

为实现库存控制的目标，现代企业已经开发并应用了一系列的方法与技巧。其中，ABC 分类法受到了广泛的关注和应用。

这种方法的核心思想是根据物资的重要性、使用频率或价值来进行分类。通常，A 类物资是指那些对企业运营至关重要、具有高价值的物品，如关键零部件或原材料。对于这类物资，企业必须实施最为严格的库存控制，时刻关注其库存水平，确保在任何情况下都能及时供应，避免因缺货而导致的生产中断或客户满意度下降。相对而言，B 类和 C 类物资可能在重要性或价值上略逊一筹，但它们同样是企业运营不可或缺的部分。对于这两类物资，企业可以采取更为灵活的管理策略。例如，可以通过设置较高的安全库存水平来减少缺货风险，或者采用定期订货的方式来简化管理过程。在确定各类物资的管理策略时，经济订货量模型（EOQ）扮演了关键角色。这一模型综合考虑了订货成本、库存持有成本以及市场需求等多个因素，帮助企业找到最为经济的订货量。通过运用 EOQ，企业不仅能够降低库存成本，还能确保库存水平始终保持在一个合理的范围内。

然而，仅有这些还不够。为了更精确地掌握库存状况，实时库存监控系统的引入变得至关重要。借助先进的信息技术，企业可以实时跟踪每一类物资的库存水平、使用情况以及需求变化。这种实时的数据反馈机制使企业能够在第一时间发现问题、调整策略，从而更好地满足市场需求。

与供应商之间的紧密合作可以提高库存控制效率。通过建立长期、稳定的合作关系，并实现信息共享和协同管理，企业可以更加准确地预测市场需求，及时调整采购和库存策略。这种合作模式不仅有助于降低库存风险，还能提高供应链的整体效率和响应速度。

定期的库存审计和绩效评估也是不可忽视的部分。通过对库存控制策略进行定期回顾和评估，企业能够及时发现存在的问题和不足，并采取相应的改进措施。这种持续优化的过程有助于企业不断提高库存控制的效率和效果，从而在激烈的市场竞争中保持领先地位。

（三）库存水平的确定与调整

在确定库存水平之初，深入剖析历史销售数据显得尤为重要。这些数据就像是一面镜子，反映出过去的销售趋势和客户偏好。通过仔细研究，企业可以洞察到哪些产品受到市场欢迎，哪些产品可能会逐渐退出市场。这种基于数据的预测，为企业提供了宝贵的市场洞察能力，有助于更准确地预测未来的产品需求。

供应链就像是企业的生命线，其可靠性和响应速度直接决定了企业在市场中的竞争力。一个稳定而高效的供应链，能够在关键时刻为企业提供必要的物资支持，确保库存得到及时补充。因此，在设定库存水平时，企业必须充分考虑到供应链的实际情况，确保两者之间的协同和匹配。在综合了市场需求和供应链状况后，企业可以设定一个合理的安全库存水平。这个安全库存水平就像是一道保险，能够在市场波动或供应链不确定性增加时，为企业提供一定的缓冲时间。它确保了即使在最坏的情况下，企业也能有足够的库存来满足客户需求，从而维护了企业的声誉和客户满意度。

安全库存水平的确定并不是一劳永逸的。市场环境和供应链状况都是动态变化的，这就要求企业必须时刻保持警惕，根据实际情况对库存水平进行动态调整。当市场需求激增或供应链出现"瓶颈"时，企业应及时增加库存以应对可能出现的缺货风险。反之，当市场需求减少或供应链效率提升时，企业则可以适当减少库存以降低运营成本。定期审查库存相关指标也是确保库存合理性的重要手段。库存周转率、滞销产品以及库存成本等指标，都从不同角度反映了库存管理的效率和效果。通过定期审查这些指标，企业可以及时发现并纠正库存管理中的问题和不足，从而实现库存管理的持续优化和提升。

二、电子商务中的库存预测与补货

（一）库存预测的方法与模型

为了准确预测未来的库存需求并优化管理，企业可以采用多种方法和模型。

历史平均法，它基于过去的销售数据计算出平均销售量来预测未来需求，适用于稳定的市场环境。

移动平均法则通过赋予不同时间段销售数据不同的权重，更好地反映近期销售情况。

趋势法，如线性趋势和指数平滑法，可以根据销售数据的变化趋势进行预测。对于具有季节性变化的产品，季节指数法和回归分析等季节性法特别有效。

此外，还有基于时间序列分析的方法和回归分析的方法，分别适用于需求变化平稳和受多个因素影响的产品。更先进的数学模型，如规律模型、鲁棒回归模型、统计函数模型和时间序列模型，可以提供更高的预测精度。基于人工智能的方法和模型越来越受欢迎，可以利用机器学习和深度学习算法自动捕捉销售模式和趋势。

市场调研法则通过直接获取消费者需求信息来进行预测。

在选择预测方法和模型时，企业必须综合考虑产品特性、市场环境、季节性因素以及数据质量，也可结合多种方法以提高预测的准确性。

（二）补货策略的制定与实施

深入分析历史销售记录和当前市场动态不仅揭示了产品的销售趋势，还能反映出季节性变化对市场需求的影响。通过对历史数据的挖掘，企业可以清晰地看到哪些时期是销售高峰期，哪些产品是市场的热销货品，从而为企业制定更为精确的库存策略，提供更为有力的数据支撑。基于这些宝贵的数据，企业可以进一步设定一个合理的安全库存标准。这一标准并非凭空设定，而是要结合产品的销售特点、市场的稳定性以及供应链的风险因素进行综合考虑。

安全库存的设立，旨在为企业构建一个缓冲区域，以应对那些难以预测的市场波动和供应链风险。当市场需求突然激增或者供应链出现短暂的中断时，安全库存就能发挥其"安全网"的作用，确保企业不会因此而陷入缺货的窘境。有了销售预测和安全库存标准作为基础，企业接下来要做的就是确定恰当的补货量和时间点。这一决策过程同样需要数据的支持。通过对销售数据的细致分析，企业可以预测出未来一段时间内每种产品的销售量，并据此来确定补货的数量。而在选择补货的时间点上，企业则需要结合供应链的实际情况、产品的生产周期以及运输时间等因素进行综合考虑。在选择补货模式时，企业同样需要根据自身的实际情况来做出决策。定期补货模式适用于那些销售较为稳定、市场需求可预测的产品；而基于实时的库存情况来进行补货则更适合于市场需求波动较大、难以预测的产品。无论选择哪种补货模式，关键是要确保补货的及时性和准确性。在实施补货策略的过程中，与供应商的紧密合作显得尤为重要。供应商是企业库存管理的重要合作伙伴，他们的响应速度、供货能力以及服务质量都会直接影响到企业的补货效果。通过与供应商建立长期稳定的合作关系，并实现信息的实时共享，企业可以确保补货的准确性和及时性，从而共同应对供应链中的各种挑战。

库存管理并不是一蹴而就的过程。市场环境和销售状况都是在不断变化的，这就要求企业必须定期监控库存和销售数据，并根据实际情况做出必要的策略调整。例如，当某种产品的销售量突然激增时，企业可能需要及时调整补货策略，增加补货量以满足市场需求；而当市场需求下降时，企业则需要考虑如何调整库存水平以避免过多的库存积压。

（三）库存预警与紧急补货处理

建立完善的库存预警系统是现代企业管理中不可或缺的一环。这一系统通过高度自动化的数据监控，能够实时跟踪库存的变化情况，确保库存量始终维持在合理的水平。一旦库存量触及或低于预设的安全库存标准，预警机制就会立即被激活，通过短信、邮件或其他通信方式，第一时间将警告信息传达给相关的管理人员。

库存预警系统的核心在于其及时性和准确性。及时性确保了管理人员能够在库存告急的情况下迅速做出反应，而准确性则避免了误报或漏报的情况发生，两者共同为企业的库存管理提供了强有力的技术保障。当管理人员接收到库存预警后，企业的紧急补货流程应立即启动。这一流程的设计需要考虑到多方面的因素，包括但不限于供应商的联系、补货数量的确定、价格的谈判以及交货期的安排。在这个环节中，与供应商的紧密沟通和协调显得尤为重要。企业需要确保供应商能够在最短的时间内响应补货需求，提供所需的产品，并保证交货的质量和时效。

为了实现这一目标，企业建立与供应商之间的快速响应机制是关键。这包括但不限于定期的业务沟通、合同条款的明确以及应急补货预案的制定。通过这些措施，企业可以在需要补货时迅速获得供应商的支持，缩短补货周期，减少因缺货而造成的损失。企业内部也需要进行一系列的流程优化。例如，可以减少补货申请中的不必要审批环节，提高审批效率；加强各部门之间的沟通与协作，确保补货所需的各项资源能够及时到位。

加强库存数据的实时监控和分析也是提高补货效率的重要手段。通过对历史销售数据和当前库存情况的综合分析，企业可以更为精准地预测未来的补货需求，从而制订出更为合理的补货计划。这不仅有助于减少缺货风险，还能帮助企业更好地控制库存成本，提高整体运营效率。

三、电子商务中的周围库存与库存成本

（一）库存周转率的计算与分析

库存周转率，简言之，就是在一定时期内，企业的库存被销售和周转的次数。这个指标的计算公式通常是销售成本除以该时期的平均库存价值。它直观地反映了库存的流动速度和资金的使用效率。

一个较高的库存周转率，意味着企业的库存货物能够快速地被销售出去，资金回收周期短，这无疑是每一个企业所追求的目标。高库存周转率不仅代表了企业资金的高效利用，还意味着库存积压的风险降低，仓储和管理成本也会随之减少。一个高的库存周转率可以减少因市场变化、技术进步或产品过期等因素带来的风险，保持库存的"新鲜度"。相反，一个低的库存周转率则可能暴露出企业在库存管理上的问题。它可能意味着库存积压过多，资金被长时间占用，无法有效回流和再投资，这无疑会增加企业的运营成本。低周转率也可能表明企业的销售策略存在问题，产品没有得到市场的有效认可，或者库存管理策略与市场需求脱节。正因为库存周转率如此重要，所以企业才需要定期，甚至实时地计算并分析这一指标。

通过对库存周转率的追踪，企业可以及时发现库存管理的短板，比如采购是否过多、销售策略是否需要调整，或者库存结构是否合理等。一旦发现问题，企业应迅速做出反应，采取相应的改进措施。主要改进措施：优化采购计划，确保采购量与市场需求相匹配，避免过多的库存积压；加强销售策略，通过市场调研和精准营销，提升产品的市场竞争力，加速库存周转；调整库存结构，根据产品的市场需求和销售情况，合理配置各类产品的库存比例的方式。

（二）库存成本的构成与控制

库存成本的构成主要包括订货成本、购入成本、库存持有成本、缺货成本以及物流成本。其中，库存持有成本占据重要地位，它涉及运行成本、机会成本和风险成本。为了有效控制库存成本，首先，企业需要通过精确的库存管理来减少多余的库存和丢失，优化仓库布局和货物运输方式以提高效率；其次，利用自动化和机械化设备来加速货物的运输和搬运，采取合适的包装和保护措施以减少货物损坏；最后，通过优化订购和供应链管理、定期审查库存数据、调整货物分类储存方式、提高库存周转率、协调配送和运输、合理规划人力资源、优化包装和装载方式、定期维护设备、分析数据和趋势、优化仓库保险和安全措施、减少滞留时间和采用合理的物流供应商等手段，综合降低库存成本。这些控制措施有助于企业在保证正常运营的同时，最大限度地降低库存成本，提高企业的经济效益和市场竞争力。

（三）降低库存成本的策略与方法

为了更有效地控制库存成本，企业需要从预测、供应链管理、技术应用、生产方式、库存分类、销售策略以及仓储管理等多个角度出发，进行全面而深入的分析与规划。

精准的需求预测与计划是降低库存成本的基础。企业可以借助现代数据分析工具，对历史销售数据进行深入挖掘，结合市场动态、消费者行为以及经济环境等多方面的信息来预测未来的销售趋势。基于这些预测，企业可以更为精准地制订生产计划和采购计划，从而避免因盲目生产或采购而导致的库存积压或缺货现象，有效地将库存成本控制在合理范围内。与供应商和分销商之间的紧密联动也是关键。通过建立供应链管理协同机制，企业可以与上下游合作伙伴实现信息的实时共享，从而提高供应链的透明度和协同性。这种联动不仅可以确保原材料的及时供应，还能根据市场需求及时调整生产和销售策略，减少不必要的库存积压。

在技术应用方面，引入先进的库存管理技术和系统至关重要。例如，物流管理系统（WMS）和供应链协同平台等现代化工具，能够帮助企业实时监控库存状态，实现库存的精细化管理。这些系统不仅提高了库存管理的效率和准确性，还能为企业决策提供有力的数据支持。JIT 生产与供应策略也是一种有效地降低库存成本的手段。这种策略强调按需生产和供应，通过减少原材料、半成品和成品的库存量，来避免库存过剩和浪费。JIT 策略要求企业与供应商之间建立紧密的合作关系，确保原材料和零部件的及时供应，从而实现生产的高效运转。库存的优化与分类管理同样不容忽视。企业可以采用 ABC 分析法等方法，根据物料的价值和重要性对其进行分类。对于高价值的 A 类物料，企业应给予更多的关注和管理资源，确保其库存量的精准控制；而对于低价值的 C 类物料，则可以适当放宽库存管理要求，以节省管理成本。为了提高库存周转率并降低库存成本，企业还可以定期进行清仓销售和促销活动。这不仅能有效处理滞销产品或季节性产品，还能够吸引更多消费者，提升销售额。通过这些活动，企业可以及时调整库存结构，避免库存积压带来的成本负担。合理规划仓库布局和操作规范也是降低库存成本的重要手段。通过优化仓库布局、提高货物存储效率、确保货物安全等措施，企业可以进一步提高物流效率并降低库存成本。

四、电子商务中的库存优化技术

（一）精准库存管理

精准的需求预测与计划是降低库存成本的基础。在现代商业环境中，市场需求变化迅速，企业必须具备敏锐的市场洞察力，才能准确预测未来销售趋势。通过运用先进的数据分析工具和技术，结合历史销售数据、市场反馈以及行业动态，企业可以制订出更为精确的生产计划和采购计划。这样，企业就可以避免生产过剩或采购过多造成的库存积压，从而有效降低库存持有成本。与供应商和分销商建立紧密的联动供应链管理，也是降低库存成本的重要手段。企业应该与供应商和分销商建立长期稳定的合作关系，实现信息共享和协同工作。通过与供应商实时共享销售数据、库存信息和市场需求预测，企业可以确保原材料的及时供应，减少缺货风险。同时，与分销商紧密合作，可以及时了解市场动态和消费者需求，以便调整生产和销售策略，降低库存积压的风险。

引入先进的库存管理技术和系统，可以进一步提高库存管理的效率和准确性。例如，使用高效的物流管理系统（WMS），可以实时监控库存状态，确保库存数据的准确性和实时性。此外，利用物联网技术，企业可以追踪和监控库存物品的位置和状态，提高库存管理的透明度和可追溯性。这些技术和系统的应用，不仅可以帮助企业减少库存损失和浪费，还可以提高客户满意度和忠诚度。企业还可以采用先进的生产与供应策略，如 JIT 生产与供应方式，以降低库存成本。JIT 策略的核心思想是"按需生产"，即根据市场需求和生产计划，准时生产和供应所需的产品。这种策略能够减少库存积压和浪费，提高生产效率和产品质量。同时，它可以促进企业与供应商之间的紧密合作，共同应对市场变化和挑战。

（二）实时库存管理

实时库存管理系统的建立依赖于高度自动化的数据录入技术。传统的手动数据录入方式既耗时又容易出错，已经无法满足现代企业的需求。因此，采用如条形码扫描或 RFID 技术等自动化数据录入技术变得尤为重要。当库存物品出入库时，这些技术能够迅速、准确地捕捉库存变动，并将数据实时反馈到管理系统中，从而极大地提高了数据采集的效率和准确性。但是，仅仅采集数据不够的，如何整合和分析这些数据，并将其转化为有价值的信息，是更为关键的一步。

先进的库存管理系统，如仓库管理系统（WMS）或 ERP 系统，在库存管理方面发挥着不可或缺的作用。这些系统不仅能存储海量的数据，更能通过强大的数据分析功能，提供实时的库存报告，包括当前库存量、需求预测、库存周转率等关键业务指标。实时库存管理的重要性不仅体现在内部运营上，更涉及整个供应链的优化。通过与供应商、分销商和客户共享实时的库存信息，企业可以打破信息孤岛，减少因信息不对称而导致的供应链"牛鞭效应"。这种效应是指供应链中的需求信息在向上游传递时往往被放大，导致上游企业做出过度的生产或补货决策。而通过实时信息共享，企业可以更准确地预测市场需求，从而做出更为合理的生产和补货计划。一个完善的实时库存管理系统还应具备预警和通知功能，以应对可能出现的紧急情况。例如，当库存量低于预设的安全水平时，或者货物即将过期时，系统应能自动触发预警机制，发送警报信息给相关管理人员。这样，企业可以在第一时间做出响应，避免因库存不足或货物过期而造成的损失。

（三）供应链协同库存管理

这种协同管理的核心在于，通过集中各方的智慧和资源，企业能够更为精准地进行需求预测。当市场需求发生变化时，各企业能够迅速做出反应，调整自身的库存水平，确保既不积压过多的库存，也不会出现缺货的情况。这种灵活性不仅帮助企业降低了高昂的库存成本，还大大提高了供应链的运作效率，从而为客户提供了更为优质的服务和体验。值得一提的是，供应链协同库存管理不仅是一种业务层面的合作，更是一种深层次的信任建立过程。在长期的合作过程中，各企业之间逐渐建立起坚实的信任基础，这种信任为供应链的持续、稳定运行提供了有力的保障。要想成功实施供应链协同库存管理，并不是一件容易的事。企业需要构建一套高效、可靠的信息共享系统，确保各方之间的数据流通无误，且能够实时更新。同时，定期的沟通与协调也是不可或缺的，这有助于及时解决合作过程中出现的各种问题，确保库存管理的每一个环节都能顺利进行。

五、电子商务中的库存管理的持续改进

（一）库存管理绩效评估

库存管理绩效评估不仅是企业对其库存管理工作质量的一次全面审查，也是其持续优化运营、提高市场竞争力的过程。在这一评估过程中，企业会深入分析和评估一系列重要的绩效参数，如库存周转率、库存准确率和库存滞销率等，用以精确度量库存管理的效能和成果。

库存周转率作为一个核心指标，直接体现了企业资金运用的流畅性和库存商品的流转速度。一个较高的库存周转率显示出资金未被库存过度占用，而是处于快速且高效的使用状态，它是维护企业资金流动性的关键。库存准确率是衡量库存管理系统稳定性和准确性的另一个参数。一个接近完美的库存准确率表明库存记录与实际存货高度一致，展现了企业在减少差错、防止库存积压或短缺方面的卓越能力，这有助于防止因记录错误而造成的资源浪费和财务损失。

库存滞销率揭示了企业库存管理策略与市场需求的匹配程度。较低的滞销率反映出企业的库存管理紧密跟随市场趋势，能够有效避免产品积压和过剩，从而确保库存水平的合理性。除了上述可量化的绩效参数外，企业还会考虑更多维度的因素，如客户服务的满意度、供应链的响应速度等，以全面评估库存管理的整体表现。

通过这种深入且全面的库存管理绩效评估，企业不仅能够及时发现并纠正存在的问题，更能有针对性地实施改进措施。这不仅有助于企业持续提高库存管理水平，还能在激烈的市场竞争中占据有利地位，从而推动企业实现更加稳健和持续的发展，创造更大的市场价值。

（二）库存管理中的问题识别与解决

库存管理中的问题可能包括过高的库存成本、过多的库存积压、缺货现象、信息不准确或不及时等。为了解决这些问题，企业需要建立一套完善的问题识别机制，通过定期审计、数据分析以及员工反馈等方式来及时发现库存管理中的潜在问题。一旦问题被识别，企业应迅速采取相应措施进行解决。例如，针对过高的库存成本，可以优化采购策略、减少库存积压、提高库存周转率；对于缺货现象，可以通过改进需求预测、加强与供应商的沟通协作来保证及时补货；对于信息不准确或不及时的问题，可以引入先进的库存管理系统，提高数据采集和处理的自动化水平。通过这些措施，企业可以有效地识别并解决库存管理中存在的问题，提高库存管理效率和准确性，从而为企业创造出更大的价值。

（三）库存管理的持续改进策略

为了实现持续改进，企业需要构建一个全面的库存管理评估体系。这一体系应该囊括多个关键绩效指标，如库存周转率、缺货率、库存成本以及客户满意度等，以便企业能够全面、客观地评估自身的库存管理状况。

通过定期对这些指标的监控和分析，企业能够及时发现库存管理中存在的问题和"瓶颈"，为后续制定有针对性的改进措施提供有力的数据支持。在明确了问题和"瓶颈"之后，企业需要制定一套切实可行的改进措施。这些措施可能涉及库存管理的方方面面，包括但不限于库存布局和分类的优化、先进库存管理技术和系统的引入、数据采集自动化水平的提高、与供应链伙伴沟通和协作的加强，以及库存补货和需求预测策略的改进等。每一项措施都需要根据企业的实际情况进行量身定制，确保其可操作性和时效性。库存布局和分类的优化是提高库存管理效率的重要手段。通过对库存物品进行合理分类和定位，企业可以减少物品在仓库内的移动距离和时间，从而提高存取货效率。

合理的库存布局有助于提升仓库空间的利用率，降低仓储成本。引入先进的库存管理技术和系统也是持续改进策略中的关键环节。这些技术和系统不仅可以帮助企业实现库存信息的实时更新和共享，还能提供强大的数据分析和决策支持功能。例如，通过利用物联网技术，企业可以实时监控库存物品的状态和位置，确保库存数据的准确性和可追溯性；而借助大数据和人工智能技术，企业则可以对历史销售数据进行深入挖掘和分析，为未来的需求预测和补货策略提供更为科学的依据。提高数据采集的自动化水平也是持续改进策略中的重要一环。传统的手动数据采集方式不仅效率低下，而且容易出错。

通过采用自动化数据采集技术，如条形码扫描或 RFID 技术，企业可以大大提高数据采集的效率和准确性，减少人为错误和疏漏。与供应链伙伴的沟通和协作同样不可忽视。库存管理不仅是企业内部的事务，还涉及与供应商、分销商和客户的紧密合作。通过加强与这些伙伴之间的沟通和协作，企业可以更好地协调供需关系，减少供应链的"牛鞭效应"，提高整体供应链的效率和响应速度，企业同时应重视培养员工对库存管理的意识和能力。员工是库存管理活动的直接参与者，他们的素质和能力直接影响库存管理的效果。因此，企业需要定期为员工提供相关的培训和支持，帮助他们掌握先进的库存管理知识和技能，增强他们的责任感和归属感。

第 5 章　物流信息技术与应用

在全球化浪潮的推动下，物流信息技术逐渐崭露头角，成为支撑现代物流行业的中坚力量。它如同一把锐利的刃，切割着传统物流模式的束缚，引领行业向着更高效、更智能化的方向迈进。通过实时监控货物状态、优化运输路径以及降低成本，物流信息技术不仅大幅提升了物流的运作效率和精确性，更在实质上改善了客户体验和满意度。可以说，正是物流信息技术的深度应用和广泛普及，在重塑现代物流行业的面貌，开启了一个全新的物流时代。

物流信息系统概述

一、物流信息系统的定义与功能

（一）物流信息系统的定义

物流信息系统是一个由人员、设备和程序共同组成的交互式系统，其核心功能是为物流管理者在执行计划、实施以及控制等关键环节提供必要的信息支持。该系统实质上是物流管理软件与信息网络的有机结合，它可能以简单的物流管理软件形式存在，也可能构建成一个庞大的网络系统，利用全球互联网连接所有相关的合作伙伴和供应链成员，以实现全方位的物流信息服务。在物流活动中，物流信息系统占据着举足轻重的地位，是现代物流运作中不可或缺的组成部分，其重要性源于运作体制、标准化、电子化以及自动化的深度融合。此外，得益于现代计算机技术和网络技术的广泛应用，物流信息系统得以迅速发展，这些先进技术如计算机技术、网络技术、关系型数据库、条形码技术以及 EDI 等，不仅大幅提升了物流活动的效率和准确性，还有效减少了人工操作及错误发生的可能性，进一步加速了信息在物流领域中的流转速度。

（二）物流信息系统在物流管理中的核心功能

物流信息系统能够实现订单管理，包括订单的录入、处理、分配、跟踪和完成等环节，这有助于企业实时监控订单状态并提高订单处理效率。物流信息系统还具备库存管理功能，可以全面掌握库存情况，包括原材料、半成品和成品的入库、出库、盘点和调拨等操作，从而有效降低库存成本并提高资金周转率。运输管理也是物流信息系统的核心功能之一，它可以帮助企业规划运输环节、调度车辆并跟踪运输过程，以提高运输效率和降低成本。除上述功能外，物流信息系统还提供仓储管理功能，包括仓库布局规划、货物分区管理以及入库、出库和库内搬运等操作，这有助于企业实现仓储环节的有效管理并提高仓储效率。最后，物流信息系统还能进行成本管理，帮助企业透明化地管理物流成本，包括运输成本、仓储成本、人工成本等，以实现精细化成本管理并降低经营成本。这些核心功能共同作用于物流管理的各个环节，从而提高企业的运营效率和竞争力。

二、物流信息系统的核心组成部分

（一）硬件和软件组件

物流信息系统是由一系列关键的硬件和软件组件构成，这些组件共同支撑着高效、精准的物流运作。在硬件方面，通信设备、存储设备、计算设备以及传感器等起着至关重要的作用。通信设备确保系统内部各硬件之间的顺畅交互；存储设备则负责保存物流系统生成的大量数据和信息；计算设备则通过高级算法和模型对数据进行深入分析，为物流决策提供支持；而传感器则实时采集环境参数和货物状态，为物流系统提供实时反馈。此外，控制器作为系统的"大脑"，处理传感器数据并控制系统各部分协调运作，而数据采集器则负责实时收集和传输货物信息。同时，网络硬件（如路由器、交换机和防火墙等）保障着整个物流网络的安全和稳定。

在软件方面，WMS 和运输管理系统（TMS）是物流信息系统的核心。

WMS 负责管理库存、处理订单和优化仓储操作，而 TMS 则负责规划、执行和监控货物的运输过程。此外，ERP 软件为物流管理提供全面的业务支持，包括采购、销售和财务等各个方面。供应链管理（SCM）软件则着眼于整个供应链流程的优化协调。RFID 软件用于精确跟踪和管理物流中的货物，提高操作透明度，而路径规划软件则通过智能算法规划出货物运输的最佳路径，以降低运输成本并提高效率。这些硬件和软件组件的紧密结合，确保了物流信息系统的高效、准确和可靠运行，从而助力企业实现更优质的物流管理。

（二）数据管理与分析模块

在现代物流中，数据是驱动决策的核心要素。数据管理与分析模块能够全面管理多元化的物流数据，这些数据包括但不限于订单详情、库存实时状态、运输跟踪记录等。该模块通过强大的数据库管理系统，确保每一条数据的准确性和完整性，从而为企业提供坚实的数据基础。

该模块不仅停留在数据的简单记录和存储上，更通过引入先进的数据分析技术（如数据挖掘、模式识别等）对数据进行深层次的探索。这些技术能够帮助企业揭示隐藏在大量数据中的有价值信息，比如物流运输过程中的效率"瓶颈"、库存周转率的优化空间，甚至是市场需求的变化趋势等。例如，通过对历史运输数据的分析，企业可以发现某些路线的运输效率明显低于其他路线，进而可以调整运输策略，优化资源配置。再如，对库存数据的深入分析，可以帮助企业预测未来的库存需求，从而制订合理的库存管理计划，避免库存积压或短缺。这些通过数据管理与分析模块所获得的，对于企业来说是无价之宝。它们不仅能够辅助企业做出更加明智和精准的决策，还能够推动物流流程的不断优化，实现运营效率的显著提高。

这些信息还能帮助企业有效降低运营成本，提高服务质量，从而在激烈的市场竞争中占据有利地位。大数据和人工智能技术的持续进步使得数据管理与分析模块的功能日益增强并趋向多元化。该模块将超越目前的数据分析范畴，通过融入更多前沿的智能算法，进一步提高数据预测的准确性和决策支持的有效性，从而助推物流行业不断向前发展，为其注入更为澎湃的动力。

（三）用户交互界面

在物流信息系统中，用户交互界面如同系统与用户之间的桥梁，承载着信息传递和交互的职责。这一界面的设计质量对用户的整体感受与使用体验有着直接的影响。一个经过深思熟虑而设计的用户交互界面，能够为用户提供一种直观且友好的操作环境。在这样的界面中，用户可以方便地获取所需的物流信息，流畅地进行各项操作，从而高效地完成各项任务。

为了达到理想的效果，设计师们会采用简洁清晰的界面布局，确保各个元素布局均衡，既不会过于拥挤，也不会显得空旷。同时，他们会选择使用易于理解的图标和标签，通过视觉化的方式为用户提供操作指引，使得操作过程更加简便。此外，符合用户操作习惯的设计也至关重要，这意味着界面的逻辑结构和操作流程需要贴近用户的日常使用习惯，从而降低用户的学习和适应成本。

当用户交互界面达到这些设计标准时，它不仅能够提高用户的工作效率，还能够增强物流信息系统的整体接受度和用户满意度。这样的界面设计无疑为系统的广泛应用和推广打下了坚实的基础，助力系统成为行业内的优选方案。

RFID、条码技术等的应用

在现代物流信息系统中，RFID（射频识别）与条码技术共同助力物流行业的顺畅运作。RFID技术利用无线电波，实现与物品间的非接触式数据交换，提供快速且精确的识别功能，在仓库管理、物流追踪以及供应链优化等方面表现突出。条码技术则通过特定的条、空编码，为每个商品赋予独一无二的身份标识，广泛应用于商品流通和库存控制等领域，其高效性和经济性广受认可。这两种技术的联合应用，不仅能大幅提高物流的运作效率，减少运营成本，还能有效提高客户满意度，并加强供应链的可视化程度，进而全面推动物流行业的进步与发展。

一、RFID技术

RFID即无线射频识别技术，其独特之处在于利用无线电波进行非接触式的数据交换，为物品提供迅速而准确的识别。在物流行业中，RFID技术展现了其特有的优势：能够进行远距离、多目标的即时识别，且识别过程无须直接视线接触。正因如此，RFID 技术在仓库管理、物流追踪及供应链的优化上发挥了显著作用。当 RFID 与条码技术联合运用时，企业能更全面地追踪与管理物品，进而优化业务流程，提升运营效率，并大幅提高客户的满意度。这种技术组合不仅是现代企业运营中必不可少的技术手段，更是推动物流行业不断进步的重要驱动力。

RFID 电子标签技术是一种利用无线电波进行自动识别和跟踪的技术。在生产过程中，需要使用 RFID 电子标签读写器，将设计或图像转化为 RFID 电子标签。RFID 电子标签通常由芯片和天线组成。芯片存储标签信息，天线则用于接收和发送信号。当 RFID 电子标签经过阅读器时，阅读器会发射无线电波，这些无线电波会被 RFID 电子标签反射，并将信息传输给阅读器。阅读器可以读取和写入标签信息，从而实现自动识别和跟踪。目前，RFID 技术已经从低频向高频和超高频发展，提高了阅读距离和数据传输速度。同时，RFID 电子标签生产技术也与其他技术进行了融合，如物联网、大数据等。利用物联网技术，可以实时监测物品的位置和状态，并进行智能决策和优化；利用大数据技术，可以分析大量数据，提高效率和准确性。

RFID 技术在物流中的应用展现出其多样性与广泛性，尤其在货物追踪和库存管理方面的应用格外突出。举例来说，在货物追踪上，通过为货物贴上 RFID 标签，物流公司便能实时监控货物的位置和状态。这不仅提高了运输效率、降低了运输成本，还能及时发现货物的异常情况，从而切实增强货物的安全性。在库存管理方面，RFID 技术为自动化入库、库存盘点自动化以及库存状态的实时监控提供了可能。每当贴有 RFID 标签的货物进入仓库，其相关信息便会被自动识别与记录，从而大幅减少了人工操作及其可能带来的错误。利用 RFID 读写器迅速扫描货物标签，可实现高效的库存盘点，确保库存数据的准确无误。此外，该技术还能实时监控库存物品的状态，一旦库存低于预设的安全水平，便会及时提醒补货。企业通过对 RFID 数据的深入分析，还能进一步优化库存结构，减少库存积压与缺货现象。RFID 技术在物流领域的应用，不仅显著提高了运作效率和准确性，更降低了成本，为物流行业的发展注入了新的活力。RFID 技术在物流中的应用列举如下：

1. 沃尔玛的物流管理

作为全球零售业巨头，沃尔玛对物流管理的效率和准确性有着极高的要求。早在 2003 年，该公司就前瞻性地宣布将采用 RFID 技术来逐步取代传统的条形码技术，以此提升其物流系统的效能。在沃尔玛的物流体系中，RFID

技术展现出了巨大的潜力。通过为商品配备 RFID 标签，沃尔玛能够即时获取到商品从仓库到销售终端的每一个环节的精确信息。这种即时的信息流不仅完善了物流过程，使得商品的流动更加透明和可控，而且帮助公司减少了不必要的物流环节和潜在的损失。

RFID 技术为沃尔玛提供了一个全新的方式来监控货物流动和位置信息。无论商品处于供应链的哪一个环节，沃尔玛都能通过 RFID 技术实现对其精准的定位与跟踪。这不仅加强了公司对商品的控制力，也为优化库存管理、提高货架补货效率等提供了数据支持。通过 RFID 技术收集到的销售数据，沃尔玛能够更深入地了解消费者的购买行为和偏好。这些数据为公司的市场策略提供了宝贵的参考价值，使得沃尔玛能够及时调整商品结构，更好地满足消费者的需求。

2. 顺丰速运的货物追踪

顺丰速运，作为国内领先的快递服务提供商，一直在追求物流服务的极致效率和可靠性。为了实现这一目标，顺丰速运积极引进了 RFID 技术来追踪和管理其庞大的快递货物。在顺丰速运的物流体系中，每一个快递货物都会被精心地贴上 RFID 标签。这些标签不仅携带了货物的详细信息，还能通过无线信号与顺丰速运的物流系统实时通信。通过这种方式，顺丰速运能够精确地追踪到每一个货物的实时位置和状态。配送员通过手持 RFID 读写器，可以轻松地获取到货物的信息，并根据后台系统的指示合理规划配送路线。这不仅大大提高了配送效率，还确保了货物能够准时、安全地送达客户手中。

RFID 技术还在很大程度上降低了顺丰速运货物丢失和破损的风险。由于每一个货物都有唯一的 RFID 标签进行标识，一旦货物出现异常，系统能够迅速定位并通知相关人员进行处理。这种高度的安全性和可追溯性，极大地提升了顺丰速运的服务质量和客户满意度。

3. 华为公司的库存管理

作为全球知名的科技企业，华为公司对于库存管理的精细度和效率有着极高的要求。为了满足这种要求，华为公司在其仓库管理中广泛应用了 RFID 技术。在华为的仓库中，每一个物品都被精心地贴上了 RFID 标签。这些标签不仅携带了物品的详细信息，如名称、规格、生产日期等，还能通过 RFID 读写器被快速准确地读取。通过这种方式，华为公司能够实时监控其库存情况，包括物品的数量、存放位置等关键信息。这不仅使库存管理变得更加精细和高效，还大大降低了人为错误和库存积压的风险。在入库、出库和盘点等环节，RFID 技术更是展现出了其独特的优势。通过自动化的数据读取和记录，华为公司能够迅速完成这些操作，大大提高了工作效率和准确性。RFID 技术还为华为公司提供了一个可靠的数据来源，帮助其进行库存分析和优化决策。

以上三个实例充分展示了 RFID 技术在物流管理中的广泛应用和显著效益。无论是在零售业的货物追踪、快递服务的货物管理，还是在科技企业的库存控制中，RFID 技术都以其高效、准确、实时的优点赢得了广泛的赞誉。随着技术的不断进步和应用场景的拓展，人们有理由相信，RFID 技术将继续在物流领域发挥更大的作用，为企业和消费者带来更多的便利和价值。

二、条码技术

条码，这一简单却又高效的信息编码方式，已经深入人们生活的方方面面。由一组规则排列的条、空及其对应代码组成的条码，是现代社会中不可或缺的信息传递工具。

（一）条码的种类及其工作原理

在各种场合中，从超市购物到物流管理，从身份验证到资产管理，我们都能看到条码的身影。一维条码，作为条码技术的基础，包含了多种类型，每一种都有其独特的应用场景。比如，Code39 条码，这种条码类型可以表示数字和字母，因此被广泛应用于内部管理、资产跟踪等需要详细标识的场合。而 EAN 码（包括 EAN-13 码和 EAN-8 码），作为国际通用的商品条码，为全球的商品提供了一个唯一且可识别的身份，极大地促进了商品的流通和管理。

除了常见的一维条码外，二维条码也在近年来得到了广泛的应用。PDF417 等二维条码，以其能够存储更多信息、在较小的空间内实现高密度的数据编码的特点，逐渐成了信息处理领域的新宠。与一维条码相比，二维条码不仅信息容量更大，而且具有更强的抗干扰能力，因此在身份证识别、票据管理、物流追踪等领域有着广泛的应用。条码的工作原理，简单而又奇妙。它基于条码宽度不同、反射率不同的条和空，按照特定的编码规则编制而成。这些看似简单的条和空，却蕴含了大量的信息。当条码扫描设备（如条码枪）发出一束激光或 LED 光线照射在条码上时，条码上的线条会反射光线。这些反射的光线被设备上的光传感器检测并转换成电信号，再进一步被转换为数字编码。在这个过程中，每一个步骤都经过了精心的设计和优化，以确保信息的准确传递。激光或 LED 光线的选择，保证了光线的稳定性和穿透力；光传感器的灵敏度，决定了反射光线的捕捉精度；而数字编码的转换算法，则确保了信息的完整性和可读性。

正是这些技术的完美结合，使得条码能够在短短几秒内被准确读取并转化为数字编码。这种快速、准确的数据输入方式，不仅大大提高了工作效率，更降低了人为错误的可能性。无论是在超市的收银台，还是在物流中心的仓库里，条码都以其高效、准确的特点赢得了广泛的赞誉。而条码技术的应用并不仅仅局限于数据的快速输入和准确识别。在供应链管理、库存控制、订单处理等方面，条码也发挥着举足轻重的作用。通过扫描条码，企业可以实时跟踪产品的流动状态、掌握库存情况、优化订单处理流程等。这些功能不仅提高了企业的运营效率和管理水平，更为消费者带来了更好的购物体验和服务。

（二）条码技术在物流管理中的广泛应用

条码技术在物流管理中的广泛应用，无疑为整个物流行业带来了翻天覆地的变革，极大地推动了行业的效率和精确性。从库存管理到运输管理，再到订单处理，甚至是数据采集与分析，条码技术贯穿物流管理的每一个环节，使得整个过程更加流畅、高效和精确。

在库存管理方面，条码技术的作用尤为突出。在庞大的仓库中，每一件货物都被赋予了唯一的条码标签，这些标签仿佛是货物的"身份证"，记录了关于货物的所有重要信息。管理人员只需轻轻一扫，即可迅速获取货物的名称、数量、生产日期、入库时间等关键信息。这种信息的即时性和准确性，不仅使库存管理变得前所未有的高效，而且大大降低了由于人为记录错误而导致的各种问题。条码技术还在库存预警和补货策略中发挥着重要作用。通过实时监控库存量，系统可以自动触发补货提醒，确保货物始终保持在最佳库存水平。这不仅避免了库存积压和缺货的风险，还优化了资金流和现金流，提高了企业的整体运营效率。

在运输管理中，条码技术同样展现出了其强大的实力。在货物的装载、卸载和交接过程中，通过扫描条码，可以实时记录货物的状态和位置信息。这种实时跟踪和管理的功能，不仅确保了货物信息的准确性和实时性，还有助于及时发现和解决运输过程中的问题，如货物的延误、丢失或损坏等。因此，条码技术在很大程度上提高了货物运输的安全性和可靠性。在订单处理方面，条码技术的应用也显得尤为关键。

在电商和零售领域，由于消费者需求的日益增长，订单处理的效率和准确性成为企业竞争力的关键。通过为每个订单分配唯一的条码标识，企业可以快速地识别、分拣、包装和配送订单。这不仅大大提高了订单处理的效率，还显著减少了人为错误和延误的可能性，从而提高了客户满意度和忠诚度。

除了上述应用外，条码技术还在数据采集和分析方面发挥着重要作用。通过扫描条码收集的各种货物和运输信息，企业可以进行深入的数据分析，以洞察物流运作中的"瓶颈"和机会。这些数据分析结果不仅可以帮助企业优化物流流程、提高效率和降低成本，还可以为企业战略决策提供有力支持。比如，通过对货物流动数据的分析，企业可以预测未来的货物需求，从而提前进行库存规划和调整运输策略。

条码技术的广泛应用，得益于其高效、准确、便捷的优点。与传统的信息记录方式相比，条码技术通过自动化和数字化的方式，大大减少了人工操作的错误率和烦琐性。同时，条码技术还可以与其他自动化系统集成，如WMS）、TMS 等，实现物流管理的全面自动化和智能化。这种集成化的管理方式，不仅提高了工作效率，还加强了各环节之间的协同和信息共享，从而提升了整个物流系统的性能和稳定性。值得一提的是，随着物联网和大数据技术的不断发展，条码技术的应用前景将更加广阔。

通过与物联网设备的结合，条码技术可以实现更高级别的自动化和智能化。比如，通过嵌入 RFID 技术的条码标签，可以实现货物的无线追踪和识别；通过与大数据分析的结合，可以深入挖掘货物流动与消费者行为的关联性和规律性，从而为企业提供更精准的市场洞察和决策支持。

三、其他物流信息技术

（一）GPS、GIS 在物流中的应用

自 21 世纪开始，GPS 已经广泛应用于商用和民用领域，在物流领域更是不可或缺的应用技术。物流企业通过将 GPS 应用于监控管理系统，实现了全面跟踪货运车辆与物品的运输情况，使客户直观地了解货运车与商品的在途情况和物品是否到达，保证对整个物流过程的有效监督与快速运转。

GPS 具有定位精度高、观测时间短、测量坐标统一、操作过程简便、全天候作业等特点，在全球范围内应用广泛。面对现代物流，GPS 和移动通信

网络的相辅相成，在一定程度上减少了物流运输过程的中间环节，降低了管理和时间成本，在运输车辆调配、配送路线规划、货物实时追踪以及物流信息查询等方面发挥了重要作用。现代社会物资流通的节奏加快，物流需求日益复杂多变，要求对客户的物流需求进行快速响应，灵活变通。无论是大件货物，还是小件包裹，都需要最优化地安排车辆进行运输，以追求最大化的时间效用和空间效用。

GPS 可通过移动通信设备在锁定的范围内搜索出可供调用的最优车辆，从而节省调度时间和成本，提高物流响应效率。GPS 的地理分析功能可以迅速地为物流人员提供明确、详细的运输路线，推荐最优的配送路径和实时显示路面行驶的相关信息，可确保将物资以最快的速度送达目的地，大幅度节省了配送的时间，提高了物流服务的可靠性。

1. GPS 在物流系统中的应用

GPS 技术具有实时监控功能，物流公司可以利用车载 GPS 和电子地图系统，实时了解车辆位置、车辆的运行状况以及车内货物的状况，对车厢内温湿度、空载或重载等信息进行收集，整理出客户需要的信息，真正实现动态追踪和监控。货主也可以随时了解到货物的运动状态和轨迹，以合理安排收发货事宜，提高了物流服务的透明度。GPS 技术具有查询功能，物流公司及用户可以根据需要对目标车辆的运行信息及具体位置动态进行查询，得到查询结果。对于物流企业而言，如何物尽其用，合理安排运力，对运输资源进行统筹指挥和调度，是提高物流效率、实现降本增效必须解决的问题。利用 GPS 的测量、定位、导航、测速和测时等功能，可进行车辆在途信息的反馈，并在车辆未返回车队前就做好待命计划，提前部署下一步的运输任务，减少等待时间，加快车辆周转。用户也可根据具体情况合理安排回程配货，以降低货车空载率，为运输车辆排解后顾之忧。如遇突发状况，驾驶员可以利用 GPS 的报警功能，迅速向公司汇报情况。物流公司可以通过 GPS 定位和监控管理系统对有紧急情况或发生事故的车辆进行紧急援助，并规划最优援助方案。同时，驾驶员也可以通过 GPS 向警察发出越界报警、超速报警、遇劫报警、远程熄火和远程监听等报警求救信号，运输车辆的具体位置会在监控台的电子地图上显示出来，以便救援人员采取最佳的救援措施。

2. GIS 在物流系统中的应用

GIS 技术在物流中的应用主要体现在对物流过程的控制与管理上。GIS 技术的主要工作原理是以计算机硬件、软件系统为基础，借助一定的设备，进行与位置、分布有关问题的解决。GIS 技术是以地理空间数据为基础，采用地理模型分析方法，提供多种空间和动态的地理信息，为地理研究和地理决策服务的计算机技术。GIS 通过计算机控制中心进行数据的接收、发送与传递。其运作需要与 GPS、卫星系统相互连接，通过对地表信息进行采集、存储、管理、运算、分析、展示，向用户提供所需信息。GIS 技术具有数据输入、数据编辑、数据存储与管理、空间查询与空间分析、可视化表达与输出等基本功能。用户可以通过坐标得到相应的地表信息、地理测绘和高清拍摄等直观影像，在定位和信息共享方面具有突出表现。在现代物流仓储与运输体系中，GIS 发挥着重要作用，主要体现在站点的选址、客户的地址定位、投递路线和排序规划，以及对突发应急情况的处理等方面。

现代物流系统的构建，需要完善的物流网络。如物流园区、中转仓库、物流中心等站点的选址对整个物流网络的运作有着决定性作用。GIS 可建立各候选站点的综合评估模型，通过在 GIS 中标出要规划选择的站点方案，并在电子地图上进行查询和显示，由综合评估模型给出各分站站点的评估值。可从科学的角度帮助客户研究地理位置，以便选出最优的站点选址方案，有助于优化物流决策。客户的地址定位分为自动定位和交互定位。GIS 可通过一个地理点的地址字符串（如客户的邮编等）确定客户具体的地理位置，并通过自动定位传回业务系统。这种定位方式适合非实时处理大量客户地址的情况。交互定位则指通过 GIS 的交互定位功能，根据客户提供的粗略地址，在地图上进行漫游查找，直到确定客户精确的地理位置（经纬度）信息，帮助物流企业快速找到并定位客户位置，提高物流服务效率。

通过 GIS 的地图表现和车辆路线模型，不仅可实现对送货投递路线的合理规划，在电子地图上展现设计线路，还可以通过大数据分析并安排客户的投递顺序，提高物流配送效率。优化运输配送的路径，不仅可以缩短配送里程和时间，提高货物投递速度和效率，还可以节省人力和物流成本，实现物流降本增效，达到精准服务客户的目标，提高客户满意度。GIS 技术通过强大的空间信息和属性信息的整合能力，可完成网络分析和路径分析，对运输过程中的道路情况进行探索汇报。在突发紧急情况时，可以一直保持对物流运送车辆的跟踪和精准定位，通过空间分析，以线性规划模型为基础，快速选择通畅道路，引导车辆在最短的时间内找到最优的行驶路线和解决方案。

（二）物联网技术的融合与应用

1. 物联网技术的融合：物联网技术通过与人工智能的结合，实现了更高级别的智能化。这种融合使得设备能够自主学习、自我优化，并根据实时数据进行决策和调整。例如，在智能家居中，通过物联网和人工智能的结合，可以实现自动化控制、智能推荐等功能。5G 技术的高速度、大容量和低延迟特性为物联网应用提供了更强大的支持。这种融合使得物联网设备能够更快速地传输数据，提高了实时性和效率。例如，在智能交通领域，5G 技术可以支持车联网，实现车辆之间的实时通信和协同工作。

2. 物联网技术的应用：物联网技术在智能家居领域的应用已经十分广泛。通过连接各种智能设备，如智能灯具、智能家电等，实现远程控制、自动化管理等功能。这为用户提供了更加便捷、舒适和安全的居家环境。物联网技术在医疗领域的应用也日益增多。通过连接医疗设备、传感器和患者，实现医疗信息的实时采集、传输和分析。这有助于医生进行更准确的诊断和治疗，提高医疗质量和效率。物联网技术在交通领域的应用主要体现在智能交通系统和车联网方面。通过实时监测交通流量、路况等信息，优化交通信号灯的控制和交通流量的管理，从而提高交通效率和安全性。物联网技术也在农业领域得到了广泛应用。通过监测土壤湿度、温度、光照等得到的环境参数，以及农作物的生长情况，实现精准农业管理和提高农业生产效率。在工业生产中，物联网技术的应用可以实现设备的远程监控、预测性维护、生产流程优化等功能，这有助于提高生产效率、降低成本并保障生产安全。

信息技术在物流中的应用及案例分析

信息技术不仅优化了物流流程，提高了运作效率，还为物流企业带来了前所未有的发展机遇。通过信息技术的运用，物流行业正逐步实现智能化、自动化和高效化。接下来，我们将通过具体案例，详细探讨信息技术在物流中的实际应用及其引发的行业变革。

一、信息技术在物流中的应用

（一）具体应用的信息技术描述

物联网技术通过连接实体世界与数字世界，使得物流企业能够实时监控货物的位置、状态以及运输环境。RFID 标签、传感器等设备被广泛应用于货物追踪和监控，确保货物的安全和可追溯性。例如，在冷链物流中，温度传感器可以监测货物的温度，确保其在运输过程中保持适宜的温度。

大数据分析技术帮助物流企业处理海量的数据，挖掘有价值的信息以优化决策。通过分析历史运输数据，企业可以预测未来的物流需求，从而更合理地安排车辆、人员和资源，提高运输效率。大数据还可以帮助企业识别运输过程中的"瓶颈"和风险点，进而优化运输路线和计划。

人工智能技术在物流领域的应用主要体现在自动化、预测和决策支持等方面。自动化仓库中的机器人可以自主完成货物的搬运、分拣和装载等工作，提高作业效率并降低错误率。基于人工智能的预测模型能够准确预测未来的销售趋势和物流需求，帮助企业制订合理的库存计划和配送策略。云计算为物流企业提供了弹性的计算和存储资源，支持业务的快速增长和灵活扩展。通过过云计算平台，企业可以随时随地访问数据和信息，促进各部门之间的协同工作。云计算还提供了强大的数据处理和分析能力，帮助企业更好地理解和优化其物流网络。

自动化与机器人技术的应用使得物流作业更加高效、准确和灵活。自动化仓库系统可以快速地完成货物的存储、检索和分拣等操作。AGV 小车、无人机等智能设备在物流配送中的应用也越来越广泛，提高了配送的效率和准确性。

供应链管理软件帮助企业协调和管理与供应商、制造商、分销商和零售商之间各个环节的物流活动。这些软件通常包括订单管理、库存管理、物流跟踪等功能，提高了供应链管理的效率和透明度。物流信息平台提供了物流信息的共享、查询和交易等功能，加强了企业间的协作和信息交流。这些平台可以帮助企业实现更高效、更便捷的物流服务，降低物流成本并提高客户满意度。如今，信息技术在物流行业中的应用已经渗透到各个环节，从供应链管理到物流配送，都离不开信息技术的支持。这些技术的应用不仅提高了物流企业的运作效率和客户满意度，还推动了整个物流行业的创新和发展。

（二）信息技术如何助力企业提高物流效率

通过自动化和智能化的技术，物流企业正在经历一场前所未有的变革。这些技术不仅使得物流企业能够大幅减少人工操作，从而降低成本和提高效率，更为企业带来了前所未有的竞争优势和市场机遇。以自动化分拣系统为例，这一技术的引进彻底改变了传统的手工分拣方式。通过使用先进的机器视觉和传感器技术，自动化分拣系统能够快速、准确地识别和分拣货物，大大提高了分拣效率和准确性。这不仅缩短了货物的处理时间，还减少了人为错误和货物损坏的风险，为企业节约了大量成本。

智能化的仓储管理系统也为企业带来了显著的效益。这一系统能够自动规划货物的存放位置和取货路径，确保货物在仓库中的高效流转。通过智能算法的优化，仓储管理系统能够最大限度地利用仓库空间，提高存储密度，从而减少仓储成本。同时，智能化的取货路径规划也大幅缩短了取货时间，提高了客户满意度。

智能运输规划与调度系统更是物流企业的得力助手。这一系统能够精确地预测运输需求，根据货物的数量、目的地和交货时间等因素，智能地规划运输路径和调度车辆。通过优化运输路径，企业可以最大限度地缩短运输距离和时间，从而降低运输成本。智能调度系统还能够实时监控车辆的运行状态，确保运输的安全和可靠性。

通过大数据分析，企业可以深入了解货物的流量、流向和库存情况，为物流活动的规划提供有力支持。这种技术还能够帮助企业识别供应链中的"瓶颈"和浪费环节，为优化供应链管理提供数据依据。基于历史销售数据，企业还可以利用预测模型来预测未来的销售趋势，从而制订更为精准的库存计划，避免库存积压和缺货现象的发生。

实时跟踪和监控技术为物流企业提供了前所未有的货物透明度。通过物联网技术，企业可以利用传感器和标签追踪货物的实时位置和状态，确保货物在运输过程中的安全和完整。这种技术不仅提高了货物的可追溯性，还加强了企业对物流过程的控制。在物流车辆上安装传感器可以实时监控车辆的位置、速度和运输条件，从而及时发现潜在的安全隐患并采取相应的措施，确保运输的安全和效率。

云计算技术则为物流企业提供了一个高效、灵活的信息共享平台。通过云计算平台，企业可以轻松地整合各个环节的信息资源，提高协同能力并实现实时的数据分析和预测。这使得企业能够更加精准地进行运营决策和资源优化，提升整体的物流效率。同时，云计算的弹性扩展能力也使得企业能够根据业务需求灵活地调整计算资源，降低运营成本并提高响应速度。

二、信息技术在物流中的成效与评估

（一）信息技术应用后的效果分析

在企业管理方面，信息技术的引入可以说是革命性的。传统的企业管理模式往往烦琐、低效，而信息化管理系统则使得企业能够实现对生产、销售、库存等各环节的全面信息化管理。这种管理方式不仅大大提高了工作效率，减少了人为错误，还降低了运营成本，为企业节约了大量资源。数据分析和预测功能使企业能够基于大量实时数据做出更科学、更精准的决策，优化资源配置，从而在激烈的市场竞争中脱颖而出。

信息技术对教育领域的影响同样深远。在传统的教学模式中，学生往往受限于固定的课程安排和地域限制，而信息技术的引入则彻底打破了这些束缚。网络教学平台和在线课程为学生提供了前所未有的学习灵活性，使他们可以根据自己的节奏和兴趣进行学习，不再受制于时间和空间。对于教师而言，信息技术也提供了丰富的教学资源和创新的教学手段，使他们能够更高效地传授知识，提高教学质量。在日常生活方面，信息技术也为人们带来了前所未有的便利。如今，人们可以通过互联网轻松实现在线购物、支付账单、预订旅行等功能，避免了传统方式的烦琐和不便。高效的物流行业在信息技术的推动下也越发便捷，使得快递货物能够准确、快速地送达消费者手中。这些变化极大地提高了人们的生活质量，节约了人们宝贵的时间和精力。

信息技术为沟通交流和知识获取提供了便利。电子邮件、社交媒体和即时通信工具等的普及使得人们可以随时随地与他人保持联系，分享生活点滴和工作心得。这不仅打破了时空的限制，还加深了人与人之间的情感。互联网上丰富的资源为人们提供了便捷的学习途径，无论是学术研究、职业技能提高，还是个人兴趣爱好，都可以轻松找到相关的学习资料和教程。这无疑促进了人们的自我提升和知识更新，为个人的全面发展提供了有力支持。

信息技术还在医疗、娱乐、政府服务等多个领域得以充分发挥。在医疗领域，信息技术推动了远程医疗、电子病历等创新应用的发展，提高了医疗服务的效率和质量。在娱乐领域，数字媒体和虚拟现实技术为人们提供了全新的娱乐体验。在政府服务方面，电子政务和智慧城市等项目的实施则提高了政府服务的透明度和效率。如今，信息技术的应用已经深入到各个领域，为人们的生活和工作带来了极大的便利和创新。它不仅提高了企业管理效率、推动了教育模式的创新、便利了人们的日常生活、加深了人与人之间的沟通交流、拓宽了知识获取的渠道，还在医疗、娱乐、政府服务等多个领域起到了积极的作用。

（二）成本节约、效率提升等方面的数据展示

通过采购管理系统的应用，企业可以实现采购过程的数字化和自动化，减少人力资源的浪费。例如，某些企业在引入采购管理系统后，采购成本降低了 10% ~ 15%。借助信息技术优化供应链和库存管理，可以减少不必要的库存积压。有数据显示，优化后的库存管理，某些企业的库存成本可以降低20% 以上。物流管理软件可以帮助企业规划最佳运输路线，减少空驶和绕行，从而降低物流成本。据统计，某些企业在使用物流管理软件后，物流成本降低了 15% 左右。

采购管理系统的自动化功能可以大幅提高采购效率。例如，某企业引入系统后，采购周期缩短了 30%，采购人员的工作效率提高了 50%。通过生产管理系统实现生产过程的自动化和优化，可以提高生产效率。有企业报告显示，在使用生产管理系统后，生产效率提高了 20% 以上。数据分析工具可以帮助企业快速获取经营数据和分析结果，从而加速决策过程。据调查，使用数据分析工具的企业，其决策效率提高了约 40%。借助信息技术，企业可以实现管理流程的自动化和优化。如某些企业在引入信息化管理系统后，管理效率提高了 50% 以上，员工工作效率也得到了显著提高。

三、信息技术在物流应用中的案例分析

（一）案例背景

在经济全球化和电子商务快速发展的时代背景下，物流行业正经历着前所未有的变革。信息技术的深度融合与应用推动了物流行业的升级转型，并为企业发展注入了新的活力。下面以京东物流为例，详细分析信息技术在物流领域的应用及成效。京东物流，作为京东商城的自营物流企业，承载着广泛的商品配送任务。为满足全国范围内的配送需求，京东商城建立了覆盖全

国的大型物流中心和密集的配送网络。技术上，京东物流引进智能仓储管理系统，运用大数据分析和云计算平台，以提高运营效率和客户满意度。尽管在行业中占据重要地位，但京东物流仍需不断创新以应对物流成本、服务要求和市场竞争的挑战。

（二）实施过程

京东物流引入了高度自动化的仓储管理系统，该系统结合了自动化和智能化技术，显著提高了仓库作业的效率。通过物流自动化设备，如自动取货机、自动输送带等，实现了货物从生产线上的自动装载入库，到通过货架系统自动存储、提取的全程自动化操作。系统能够实时监控货物的状态和位置，确保货物的安全和可追溯性。通过收集和分析仓库运营数据，系统能够自动调整库存，减少积压和缺货现象，降低库存成本。据统计，使用这种智能仓储管理系统的物流企业，仓储效率普遍提高了 20% ~ 30%。京东物流采用了智能物流箱管理系统，并结合了物联网技术，实现了对物流箱的精准追踪和管理。通过物流箱内部的传感器和 GPS 定位器，系统能够实时追踪物流箱的位置和状态系统，能够及时发现并处理异常情况，如盗窃、损坏等，提高了物流的安全性和可靠性。据统计，采用这种技术后，货物丢失的情况减少，货物损坏率显著降低。通过对物流箱使用数据分析，系统能够优化物流箱的使用和管理，提高物流效率。

京东物流充分利用大数据技术，对订单数据、用户行为数据、地理位置信息等进行分析，从而优化物流配送。通过对历史数据的分析，系统能够预测未来的订单趋势和配送需求，为决策提供支持。系统能够根据实时交通信息和预测数据，优化配送路线，减少配送时间和成本。据统计，采用大数据分析技术的物流企业，配送效率普遍提高了 15% ~ 20%。通过大数据分析技术，系统能够更精准地进行库存管理，减少库存积压和缺货现象。云计算为京东物流提供了一个强大的数据处理和存储平台。云计算平台能够根据业务需求弹性扩展计算能力，轻松应对高并发需求。云计算平台提供了稳定可靠的数据处理和存储服务，确保物流系统的稳定运行。通过云计算服务，京东物流无须投入大量资金购买和维护硬件设备，降低了运营成本。另外，京东物流还引入了人工智能和机器学习技术来优化物流配送。通过机器学习技术对历史配送路线进行分析并优化未来的配送路线规划策略以减少配送时间和成本。利用人工智能技术预测未来的订单趋势和用户需求以便更好地进行库存管理和调度安排。人工智能技术还可以为管理层提供自动化的决策支持以帮助物流企业做出更明智的决策。

（三）取得的成效

京东物流通过深度应用信息技术，显著提高了仓储与配送效率，实现了物流信息的透明化，充分发挥了大数据与人工智能技术的优势，并成功降低了运营成本，进而提升了客户满意度。通过建立全国仓储网络和智能调度系统，京东对仓库进行了集中管理、统一调度，配送路径也得到了优化，使得仓储和配送效率大幅提升。消费者现在可以通过京东的平台实时追踪物流信息，这种透明化的服务增强了消费者的信任。大数据和人工智能技术的引入，不仅可以实时监控和预测配送情况，还实现了个性化推荐和智能仓储管理。这些技术的应用不仅提高了京东物流的内部运营效率，也通过提供更快、更准确的配送，提升了客户的满意度，降低了运营成本。这些综合性的成效，展现了信息技术在京东物流中的巨大价值和影响力。

第6章 电子商务物流的仓储管理

仓储管理作为电子商务物流中的核心环节，通过集中商品管理和流程优化，大幅提升了物流效率与顾客购物体验。其自动化和智能化的发展不仅降低了运营成本，还提高了运营准确性。仓储管理对于精准控制库存、提升客户满意度以及促进供应链各环节之间的紧密合作都具有积极影响，从而为电商平台的稳健和长远发展奠定了坚实的基础。

电子商务物流的仓库设计与布局

合理的仓库设计能够确保货物的高效存储、快速检索和顺畅运输，从而满足电子商务对于快速响应和准确配送的需求。通过科学的布局规划，可以最大化利用仓储空间，优化货物流转路径，进而提高整体物流运作的效率和客户满意度。

一、电子商务物流的仓库设计基本原则

（一）功能性原则

功能性原则是仓库设计的核心指导原则之一，它要求仓库的设计必须全面考虑并满足各项功能需求。在仓库设计的诸多要素中，内部空间布局的优化是基础且关键的一环，这需要对仓库内部的每一个角落进行深入研究和合理规划，确保其得到有效利用。为此，企业应充分考虑货物的存储、搬运、分拣和配送等流程，以及人员和设备的工作空间需求。除了对空间的合理利

用，设计简洁高效的货物流通路径也是功能性原则的侧重点。货物的流通路径应设计得尽可能短且直接，这样有助于减少搬运时间和成本，并降低货物在搬运过程中受损的风险，从而提高仓库的作业效率和货物安全性。为实现这些功能，需要引入现代化的仓储管理系统。此系统能够实时监控货物的位置和状态，帮助管理人员迅速做出决策，进而提高仓库作业的效率和精确性。同时，借助系统的数据分析功能，企业可以更加深入地了解货物流转的规律，为未来库存管理提供有力支持。

功能性原则还强调仓库设计应具备前瞻性和可扩展性。由于企业业务会不断发展，市场环境也会不断变化，仓库可能需要应对更高的存储需求、更快的处理速度以及更复杂的信息管理要求。因此，在设计初期就应预留充足的空间和资源，以便未来能轻松进行扩展和升级。功能性原则也注重仓库设计的灵活性和适应性。一个功能完备的仓库应能应对各种突发情况和变化，如货物需求量的波动、设备故障等。因此，在设计时需将这些因素纳入考虑，以确保仓库在各种情况下均能维持高效运作。

功能性原则旨在确保仓库设计能满足各项功能需求，提高作业效率，降低运营成本，并为企业未来的发展提供坚实支撑。

（二）效率性原则

效率性原则是物流仓库设计的核心原则，专注于提高仓库的整体运营效率。这一原则强调通过优化作业流程、缩短货物流转时间以及减少不必要的浪费，来实现仓库运营的高效性。

在仓库布局方面，效率性原则要求精心规划货物的存储和取货路径，以减少人员和设备的移动距离。通过将高频次使用的货物放置在离操作区更近的位置，可以大幅减少搬运时间和人力成本。这种布局优化有助于提高作业速度，确保货物能够快速、准确地进出仓库。自动化搬运设备和仓储系统的引入，如叉车、自动导引车（AGV）以及自动化分拣系统等，能够显著提高仓库的作业效率。这些自动化设备能够减少人工搬运的时间和人力成本，同时提高作业的准确性和一致性，确保货物能够快速、准确地被存储和分拣。信息技术的应用也提高了仓库效率。通过实施仓库管理系统，可以实时监控货物的位置和状态，帮助管理人员迅速做出决策，优化订单处理流程，从而提高订单履行的速度和准确性。这种信息化的管理方式能够减少错误操作和库存积压，使仓库运营更加高效。

效率性原则通过优化仓库布局、引入自动化技术以及应用信息技术等手段，致力于提高物流仓库的整体运营效率。这不仅有助于降低运营成本，还能提升企业的竞争力，实现更大的经济效益。

（三）安全性原则

安全性原则是物流仓库设计中的根本原则，它强调的是在整个仓库运营过程中确保人员、货物和设施的安全。在物流行业中，安全始终是第一位的，任何对安全的疏忽都可能导致严重的后果。

仓库的结构设计必须符合建筑安全标准，能够承受自然灾害和其他潜在风险。例如，在地震多发地区，仓库的结构设计应考虑到抗震能力；在洪水易发地区，则需要考虑防洪措施。此外，仓库的消防系统也至关重要，必须确保在紧急情况下能够迅速启动，有效控制火势。

货物的存储和搬运过程中也需要严格遵守安全规定。重物的搬运应由专业的搬运设备进行，以避免人员伤亡；货物的堆叠应稳固，防止倒塌伤人；对于易燃、易爆或有毒的货物，应设立专门的存储区域，并采取额外的安全措施。

仓库内的电气设备也应符合安全标准，定期进行检查和维护，防止电气火灾的发生。同时，仓库内应设有足够数量的安全出口和疏散通道，确保在紧急情况下逃生人员能够被迅速疏散。

除了物理安全外，信息安全也是不可忽视的一环。仓库管理系统中的数据应得到妥善保护，防止被非法访问或篡改。此外，对于仓库内的监控摄像头和报警系统也应进行定期检查和维护，确保其正常运转。安全性原则要求企业在仓库设计的每一个环节都充分考虑到安全问题，从建筑结构、货物存储、电气设备到信息安全等多个方面确保仓库运营的安全稳定。只有这样，企业才能为员工提供一个安全的工作环境，为货物提供安全的存储条件，为企业的长远发展奠定坚实的基础。

（四）灵活性原则

仓库设计的灵活性原则是指在规划和设计仓库时，应着重考虑其适应性和可变性。由于市场需求、产品特性和物流技术不断发展变化，仓库需要能够灵活地调整其存储和操作流程，以适应这些变化。灵活性原则要求仓库设计不仅要满足当前的需求，还要预见未来的变化，并为此预留足够的空间和资源。这意味着仓库的内部布局、货架系统、作业流程等都应该设计成易于调整和扩展的形式。例如，采用模块化的货架设计，可以方便地根据存储需求进行增减；而智能化的仓储管理系统则能够支持多种业务流程，快速响应市场变化。通过遵循灵活性原则，仓库可以更好地应对未来的不确定性，保持高效运营，同时降低因变化而带来的改造成本和时间成本。

二、电子商务物流的仓库布局规划

（一）布局规划原则

物流仓库除了有不同空间的需求，还应对各个空间进行科学合理的布局，以方便今后的运营使用。一般在物流仓库规划当中通常采用的布局及设计原则，主要是从节能、高效等角度加以考虑，在资产平均利用率上使用单层设备并应用效率较高的操作流程来提高物流仓库的整体运营效率。此类设备的成本价格虽然较为高昂，但是此类设备技术较为先进，传统的普通设备不能够满足物流仓库所需的功能，难以提高仓库利用效率。因此在存储货物时就必须对仓库利用率存储进行较高水平的设计，确保所存储货物在空间足够的情况下能够确保仓库运作效率得以提高。其次，对于剩余空间要尽可能地利用除涉及货物本身的体积大小、限制条件等以外的因素，要对货物通道占用空间进行合理设计。从仓库的高度、容积两方面入手增加仓库的存储量。满足这一条件需要购进比较昂贵的物料搬运设备。这种搬运设备能够在狭小通道里将货物堆码到超过常规高度，虽然比较昂贵，但设备成本是建造等容量存储空间费用的1/5，节省了综合系统的大部分费用。物流仓库的分拣与备货场所，必须放在同一个配送仓库里，这样做可以大大提高工作效率。

（二）布局规划的目的

在进行仓库存储区的布局设计时，依据的一条重要的设计原则就是要充分利用仓库的容积。在设计中如果解决了存储库房越大对存取造成的限制就越多这类问题，就是完成了这一目标的存储区设计。仓库货物周转的速度越快，货物提供量的增大越会使存储库房的实际容积增大。反之，则会减少。例如，当存储库房又宽又深，货物存取能力比较弱，搬运通道也比较狭小时，货物周转率就会很低。想要货物周转率增加就必须采用更好的存取操作方案、更小的库房、更宽的搬运设备通道。配送仓库要为客户提供高质量的服务，提供快速、高效的存取与操作条件。

提高库房使用效率的根本因素是提高具有保护性和安全性的仓库布局，有一个良好的框架就使未来的仓库空间得到高效地利用。仓库在运作时需要保护仓库内的物品以及人员的安全，就要建立一个完善的安全保护制度。第一，如果危险品要在仓库中进行储存，就要对各类危险品（例如易爆、氧化剂、易燃物品）同其他货物进行分开储存，以避免发生危险时其他货物被损坏的情况。第二，要对贵重物品以及容易失窃的物品采取保护措施，特别看管以防止货物失窃。第三，对于那些需要处理的货物，要采取相应的措施保存，例如：需要冷冻或需要防潮的货物。第四，仓库工作人员在贮存货物时应该注意避免把易损坏的货物（如轻、脆货物等）堆码或储藏到可能会使货物损坏的地方。有必要对进入仓库的危险品在运输与存储环节加强管理，向有关工作人员交代这些危险品在运输与贮存中应该注意的问题，避免安全事故的发生。这些危险品主要包括易爆品、放射性材料，以及一些其他种类的货物。这些货物在处于一定状态或者一定地方时，容易发生爆炸、燃烧、产生对人体有危害的辐射等，货物危险性非常大。

物流仓库的利用率是与其经济效益成正比的，要提高仓库的利用效率，有两点很重要。有效地利用仓库空间，既要运用先进的搬运设备堆高货物充分利用仓库的高度，从而有效地利用了使用空间，还要尽量减少通道所占的空间。科学地安排好货物的堆垛，以降低搬运成本、减少劳动消耗。提高仓库的利用率可通过对三个变量的准确把握来获取。第一个变量是货物吞吐水平。一般情况下要将吞吐量大的货物放在靠近运输区域的地方或者高低适中的、最容易存取的地方，降低运输成本，提高仓库利用效率。存储货物的体积大小也影响效率的提高。应当在距离运输区域较近的地方堆放体积大的货物，以方便运输减少搬运的时间。在靠近运输区域的地方堆放体积超过其有序存储时体积的货物，以便在存储时减少处理成本。

传统的物流仓库运行中由于机械化水平较低，所以使用大量的人力进行货物存储，效率低，而现今的物流仓库运行中使用了大量的机械这是物流仓库管理的进步。虽然机械化系统大大地提高了仓库的提货物配送效率，但它却不能解决仓库在运营中的全部问题。在大量使用机械化设备时应当将其投资的风险都考虑在内，这样才能使投资获得最大效益，这些风险主要有：在采用了过时或者淘汰的设备、是否能把投资回收及市场波动引起的资金问题等。在采购机械化设备之前，要对机械化的操作技术进行分析，机械设备适于搬运什么样的货物，怎样操作才能既稳又快地搬运货物。提高机械利用效率。

（三）区域划分

收货区是仓库物流的起点，负责接收和处理新到的货物。在这个区域，工作人员会仔细核对货物的数量、品质和规格，确保与采购订单或供应商提供的信息一致。同时，收货区还承担着对货物进行初步分类和标记的任务，为后续存储和拣货工作奠定基础。一个高效的收货区能够确保货物准确无误地进入仓库，为后续流程提供有力保障。存储区成为货物的长期居所。在这个区域，企业将货物根据其特性、存取频率和保质期等因素进行合理布局。例如，经常需要存取的货物会被放置在离拣货区更近的位置，以缩短搬运距离和时间。存储区还需要考虑货物的安全和保护，如防火、防潮、防尘等措施，确保货物在存储过程中不受损害。

拣货区是仓库中最为繁忙的区域之一。在这里，工作人员根据客户的订单需求，快速准确地从货架上挑选出对应的货物。为了提高拣货效率，这个区域通常会采用先进的仓储管理系统，如电子标签、RFID 技术等，帮助工作人员迅速定位货物并降低错误率。一个高效的拣货区能够显著提升仓库的订单处理能力和客户满意度。发货区是货物离开仓库前的最后一道关卡。在这个区域，工作人员会对货物进行必要的包装、装箱和最终检查，确保货物在运输过程中能够安全到达目的地。同时，发货区还负责与客户和物流公司进行沟通协调，确保货物能够按照客户要求的时间和方式准时发出。

（四）货架选择与配置

不同类型的货架具有各自的优缺点，适用于不同的场景。轻型货架通用性强，组装便捷，特别适合存放轻型物品，如工具和零件，但其承重能力可能限制了重型物品的存放。中型货架则以其结构合理、装拆方便和承载力大的特点广泛应用于商场、超市和企业仓库。对于重型物品的存储，重型货架无疑是最佳选择，其由优质冷轧钢板和方钢制成，承重力大且稳固，非常适合大型仓库使用，但其成本相对较高。当需要高效利用存储空间时，贯通式货架（也称通廊式货架或驶入式货架）表现出色，其高储存密度和空间利用率使得它成为昂贵存储空间，是冷冻仓库的理想选择。同时，横梁式货架以其安全方便的特点被广泛应用于各种仓库，可直接存取货物，提高效率。此外，对于特殊需求的存储，如模具，模具架则提供了极大的便利，可根据承载能力分为轻型和重型，方便模具的取放。悬臂式货架则适合存放形状不规则的长料货物，其轻巧的结构和良好的载重能力能有效提高仓库利用率和员工工作效率。

（五）通道设计

通道的宽度设计至关重要。过窄的通道可能会导致物流设备（如叉车）在行驶和作业过程中发生碰撞，造成货物损坏和人员伤害，而过宽的通道则会浪费宝贵的仓库空间。因此，通道宽度的设计需要权衡空间利用率和作业效率，确保叉车、员工和其他物流设备能够顺畅、安全地通行。通道标识的设置也是不容忽视的细节。清晰的标识可以帮助员工快速准确地识别通道和货位，减少失误操作和迷路的情况。这些标识主要包括地面标线、指示牌、货位标签等，它们不仅提供了视觉引导，还能提高仓库作业的效率和准确性。照明设计也是通道设计中不可或缺的一部分。良好的照明条件可以确保员工在任何时间都能清晰地看到通道和货物，从而减少操作失误和安全事故的风险。照明灯具的选择和布局应充分考虑仓库的高度、面积和货物特性，以提供均匀、柔和且足够的光线。

电子商务物流的仓储管理系统

网络购物的兴起，仓储管理系统在确保物流高效运作、提升客户服务质量方面表现突出。一个出色的仓储管理系统能为企业提供全面的库存管理、订单处理、货物追踪等多重功能，进而显著提高物流效率和客户满意度。电子商务物流仓储管理系统的核心功能，对电子商务的运营而言具有极大的助益。

一、电子商务物流的仓储管理系统的功能

（一）库存管理

库存查询功能是仓储管理系统中的基础功能之一。通过这一功能，管理人员能够实时了解仓库中各类货物的数量、状态和位置。系统通常提供灵活的查询方式，如按货物名称、编号、存储位置等进行查询，以便管理人员能

够快速定位到所需货物。这种及时的库存信息查询，不仅提高了仓库管理的透明度，也为后续的库存规划和调度提供了准确的数据支持。

库存预警功能则是仓储管理系统中非常实用的一个环节。系统能够根据预设的库存阈值，在库存量接近或达到警戒线时自动发出预警通知。这种预警机制可以帮助管理人员及时发现库存短缺或过剩的情况，从而采取相应的补货或促销措施，避免库存积压或缺货现象的发生。预警功能的灵活性和及时性，大幅提升了仓库对市场需求变化的响应速度。库存调整功能在仓储管理系统中也占据着重要的地位。随着市场需求和供应链的变化，仓库中的货物存储情况也需要不断地进行调整和优化。库存调整功能允许管理人员根据实际情况，对货物的存储位置、数量等进行灵活调整。这种调整可以是基于对销售数据的分析，也可以是根据货物的特性和存储要求进行的。通过库存调整，仓库可以更好地适应市场变化，提高货物的周转率和仓库的利用率。

仓储管理系统的库存管理模块还可包括库存报表生成、库存历史记录查询等辅助功能。这些功能为管理人员提供了更为全面的库存管理视角，有助于发现库存管理中的问题和改进空间。在实施仓储管理系统的库存管理功能时，还需要考虑系统的集成性和可扩展性。集成性指的是系统能够与其他企业信息系统（如 ERP、CRM 等）无缝对接，实现数据的共享和交互。可扩展性则是指系统能够根据企业发展的需要，能方便地添加新的功能模块或调整现有功能。

（二）出入库管理

入库管理方面：货物实物到库，完成质量检测操作后，系统仓管员进行收货操作，生成对应的收货信息。仓储管理系统根据入库通知单一对一生成入库单，并支持打印，通过入库单号对入库物资进行入库、上架操作。可通过自动化设备识别或仓管员通过用手持终端扫描托盘码、箱号码或实物码的方式，进行与托盘、箱号或货物实物的绑定，并通过无线网络传送至后台。系统自动推荐储位，支持仓管员调整储位，仓管员扫描储位和托盘或通过自动化设备识别托盘进行货物上架操作。智能仓储物流管理系统货物入库环节需关联收货单，以获取收货信息，完善系统入库信息。

出库管理方面：台账员在物流模块办理出库业务，生成相关出库单，提交下一环节时，系统将出库单同步至智能仓储物流管理系统。当仓管员完成出库操作之后，将本次出库信息同步至集中物流模块，物流模块进行出库出账操作。仓库备货不能满足订单需求或不能满足订单中部分货物需求时，系统对不能满足的部分推送缺货提醒，仓库及时安排备货，待备货入库后，系统根据订单创建出库通知单，包含货物编码、名称、供应商、数量、单价、金额等信息，由料账员核对办理。若是按照采购订单提货入库，则优先办理该订单出库业务。对于仓库备货满足订单部分需求的，对满足部分，自动创建出库通知单。出库通知单下推生成出库单，一张出库通知单下推一张出库单。出库单继承出库通知单上货物编码、名称、供应商、规格型号、数量、单价、总金额、长度、宽度、重量、收货地区、收货地址等信息。系统根据设置的拣货策略自动推荐储位，推荐储位允许调整修改，通过推荐储位指导仓管员人工扫描进行下架出库操作或触发自动化设备识别下架出库。系统需支持货物出库拆分或拆包。出库货物拆分，对于粗颗粒度实例码管理模式的货物出库业务，涉及拆分或拆包出库，系统需支持拆分或拆包出库储位剩余货物实例码信息的更新功能。对于拆分出库的部分货物要打印实例码信息。

（三）拣货与配送管理

拣货策略的制定实现了仓库作业的高效性。一个优秀的拣货策略能够显著缩短拣货时间，并降低拣货错误率。根据订单特性、商品分布以及仓库布局，可以制定不同的拣货方法，如按单拣货、批量拣货或者分区拣货等。例如，在订单量较大且订单间商品重叠度高的情况下，采用批量拣货策略可以有效缩短拣货人员的行走距离，提高拣货效率。

借助现代化的仓储管理系统，可以实时追踪拣货进度，及时调整拣货策略以应对各种突发情况。配送路线规划则是确保货物从仓库快速、准确地送达客户手中的关键环节。有效的配送路线规划能够显著减少运输时间和成本，并提高客户满意度。在制定配送路线时，需要综合考虑多个因素，如客户位置、交通状况、配送时间窗口以及货物特性等。通过运用先进的路径规划算法和实时交通信息，可以制定出最优的配送路线，确保货物在预定的时间内准确送达。此外，配送路线规划还需要具备一定的灵活性，以便在遇到交通拥堵、恶劣天气等不可预见的情况时，能够迅速调整配送路线，确保配送任务的顺利完成。

在实际操作中，拣货策略和配送路线规划往往需要相互配合，以达到最佳的运营效果。例如，在拣货过程中，可以根据配送路线的规划情况，合理安排拣货顺序和商品组合，以降低后续的配送难度和成本。配送路线的优化也可以为拣货策略的制定提供有益的参考，如通过调整配送顺序来优化拣货路径等。

二、电子商务物流的仓储管理系统的技术应用

（一）仓储管理软件系统

RFID 技术被广泛应用于仓储管理中。通过给每个货物贴上 RFID 标签，管理人员可以轻松地追踪和定位货物的位置。RFID 技术不仅提高了货物识别的准确性，还大大减少了人工扫描和输入数据的时间。除了 RFID 技术外，扫码技术也是仓储管理中的重要工具。通过扫描商品的条形码或二维码，管理人员可以快速录入和查询商品信息，这对于库存管理、出入库操作以及货物追踪都非常有利。仓储管理系统通常配备强大的数据分析工具，可以对仓库的运营数据进行深入挖掘和分析。这些数据不仅可以帮助管理人员了解仓库的运营状况，还能预测未来的库存需求。

通过数据可视化技术（如图表和仪表盘）管理人员可以直观地看到仓库的各项指标，从而做出更明智的决策。现代仓储管理系统还引入了自动化和机器人技术，进一步提高了仓库的运营效率。例如，自动化立体仓库可以实现货物的自动存取，大大减少了人工操作的时间和成本。而搬运机器人则可以在仓库中自主导航，完成货物的搬运和分拣任务。云计算为仓储管理系统提供了弹性的数据存储和计算能力，使得系统可以轻松地处理大量的数据。物联网技术则使得仓库中的各种设备和传感器能够实时地收集和传输数据，为管理人员提供更准确、更及时的运营信息。

（二）数据分析与挖掘在仓储管理中的应用

数据分析可以帮助仓储管理人员更精准地掌握库存情况。通过对库存数据的实时监控和分析，可以准确了解哪些商品畅销，哪些商品滞销，从而及时调整库存策略。这不仅可以避免库存积压，减少资金占用，还能确保畅销商品始终保持在库，满足客户需求。数据挖掘技术通过对历史销售数据、库存变动数据等进行深入挖掘，可以发现隐藏在数据背后的规律和趋势。例如，利用关联规则挖掘数据，可以发现不同商品之间的销售关联性，为捆绑销售或促销策略提供数据支持。此外，聚类分析等技术还可以帮助企业对客户进行细分，为不同类型的客户提供个性化的仓储和物流服务。数据分析与挖掘

还可以帮助优化仓库布局和货位分配。通过对货物存取频率、货物之间的关联性等因素进行分析，可以确定货物的最佳存放位置，从而提高拣货效率和仓库空间利用率。这种优化不仅可以减少拣货时间和成本，还能提高客户满意度。

　　除了上述应用外，数据分析与挖掘在仓储管理中还可以用于预测和决策支持。例如，利用时间序列分析、回归分析等统计方法，可以对未来的销售趋势进行预测，为企业的生产计划和采购决策提供依据。同时，数据挖掘技术还可以帮助企业发现潜在的商业机会和威胁，为企业的战略决策提供支持。数据分析与挖掘还可以用于仓储管理中的风险管理。通过对仓库运营数据的实时监控和分析，可以及时发现异常情况，如货物损坏、丢失等，并采取相应的应对措施。这不仅可以减少企业的损失，还能确保仓库运营的稳定性和安全性。

电子商务物流的仓储效率与成本优化

　　在激烈的市场竞争中，提高仓储效率并降低成本，对提升企业的盈利能力和市场竞争力具有举足轻重的作用。为了实现这一目标，企业需要不断探索新的方法和技术，以改进仓储管理流程，减少浪费，从而在确保客户满意度的同时，实现成本最优化。接下来，我们将探讨如何通过提高仓储效率和进行成本优化，来助力电子商务物流行业的持续发展。

一、电子商务物流提高仓储效率的方法

（一）标准化操作流程

　　标准化操作流程可以明确仓库作业人员的职责和操作步骤。在传统的仓储管理中，由于缺乏统一的操作标准，不同作业人员可能会根据自己的经验和习惯进行操作，这往往导致作业效率的差异和潜在的安全风险。而通过制定标准化的操作流程，企业可以明确每个作业环节的具体步骤和要求，使得所有作业人员都能够按照统一的标准进行操作，从而提高作业的规范性和效

率。标准化操作流程有助于优化仓库布局和货物流转路径。

通过对仓库内的存储区域、通道、装卸货区等进行合理规划，并制定相应的操作流程，可以确保货物在仓库内的快速、准确流动。这种优化不仅减少了货物的搬运距离和时间，还降低了作业人员的劳动强度，从而提高了仓储效率。标准化操作流程还可以促进仓储管理的信息化和智能化。在现代仓储管理中，信息技术和智能化设备的应用越来越广泛。通过将这些技术设备与标准化操作流程相结合，企业可以实现数据的实时采集、分析和处理，进一步提高仓储的精确性和效率。例如，利用 RFID 技术、条形码扫描设备等自动化识别技术，可以实现对货物信息的快速录入和准确追踪，避免了手动输入数据的错误和延误。

标准化操作流程也有助于提升仓储管理的安全性和质量控制。通过明确的安全操作规程和质量检查标准，可以确保作业人员在操作过程中严格遵守安全规定，减少事故发生的可能性。同时，对货物的存储、搬运、装卸等环节进行标准化管理，也可以有效防止货物损坏和丢失，保证仓储服务的质量。在实施标准化操作流程时，企业需要充分考虑自身的业务特点和实际需求，制定符合实际情况的操作流程。

（二）员工培训与激励机制

定期的员工培训是提高仓储效率的关键。企业应该根据员工的岗位需求，制定详细的培训计划，包括新员工入职培训、岗位技能培训、安全操作培训以及管理系统使用培训等。这些培训不仅能让员工熟悉和掌握所在岗位的专业知识和技能，还能提高他们应对突发情况和解决问题的能力。同时，通过培训，员工可以更好地理解和执行企业的管理制度和操作流程，从而确保仓储作业的规范性和高效性。激励机制的建立有利于提高员工的工作积极性和仓储效率。

企业可以通过设立绩效考核制度，对员工的工作表现进行量化评估，并根据评估结果给予相应的奖励和晋升机会。这种正向的激励机制能够激发员工的工作热情，促使他们更加主动地投入工作中，以提高工作质量和效率。除了物质激励外，企业还应该注重员工的精神激励和个人成长。通过为员工提供广阔的职业发展空间、多样化的学习机会以及良好的工作氛围，企业可以增强员工的归属感和忠诚度，从而稳定员工队伍，减少人员流动带来的成本损失和效率下降。在实施员工培训与激励机制时，企业需要注重培训的针对性和实效性，确保培训内容与实际工作需求紧密结合。同时，激励机制的设计也要公平公正，能够真实反映员工的工作付出和成果，避免主观臆断和偏见。

（三）采用先进的仓储技术与设备

提高仓储效率的关键途径就是采用先进仓储技术与设备的革新之旅，在追求仓储效率的过程中，需要采纳先进的仓储技术与设备。这一举措不仅代表着企业物流管理的现代化进程，更是应对市场挑战、提升竞争力的必由之路。这些设备的引入，不仅解放了大量的人工劳动力，更在精确性、速度和可靠性上达到了前所未有的高度。想象一下，智能搬运机器人在仓库中穿梭，准确地将货物从一处搬运到另一处，无须人工干预，这种场景在过去难以想象，如今却已成为现实。

仓储管理系统（WMS）的进化也为效率提高贡献了巨大力量。WMS 的引入，使库存管理变得更为智能和精准。企业能够实时掌握库存动态，包括货物的数量、位置和状态等信息，从而做出更为明智的库存决策。这不仅减少了库存积压和缺货现象，还优化了库存周转时间，进而提升了客户满意度。物联网（IoT）技术的融入，更是为仓储管理带来了质的飞跃。通过物联网技术，企业能够实时监控货物的各种参数，如温度、湿度和位置等，确保货物在整个供应链中的安全和完整。这种技术不仅提高了货物的可追溯性，还为企业提供了宝贵的运营数据，有助于优化物流流程和提高决策质量。

大数据分析也正在改变着仓储领域的面貌。通过对历史销售数据和市场需求进行深度挖掘，企业能够更准确地预测未来的市场趋势，并据此调整库存策略和补货计划。这种数据驱动的管理方式，不仅提高了仓储的响应速度，还降低了库存风险和运营成本。值得一提的是，在采纳这些先进技术与设备的同时，企业也面临着诸多挑战。如何选择合适的设备和技术、如何进行有效的员工培训、如何确保技术与现有业务流程的兼容性等，都是企业需要深思熟虑的问题。因此，在革新之路上，企业不仅要有前瞻性的战略眼光，更要有坚定的执行力和风险管控能力。

二、电子商务物流的仓储成本分析与控制

（一）仓储成本控制的意义

仓储成本是指仓储企业在储存物品过程中，包括装卸搬运、存储保管、流通加工、收发物品等各项环节和建造、购置仓库等设施所消耗的人力、物力、财力及风险成本的总和。仓储物流成本管理水平的高低，对整个物流成本管理具有重要的意义。仓储活动可以解决供求时间的差异。如有的商品是季节生产、常年消费；有的商品是常年生产、季节消费；也有的商品是季节生产、季节消费或常年生产、常年消费。无论何种情况，产品从生产过程进入消费过程之间，都存在一定的时间间隔。货物通过储存过程，化解了供求之间的矛盾，在时间上也创造了新的效益，因此仓储活动可实现商品由生产地到消费地的转移。

仓储活动可解决生产与消费在空间、时间及品种、数量等方面存在的矛盾，发挥仓储活动连接生产与消费的纽带和桥梁作用；连接生产者与消费者之间在商品生产与消费地理上的分离；衔接商品生产与消费时间上的不一致；调节商品生产与消费方式上的差异；权衡运输负荷，降低运输成本。

（二）仓储成本控制的内容

由于物资在储存过程中所使用的衬垫材料在仓储成本中占比较大，因此，降低仓储成本的关键在于减少这些材料的消耗以及相关的人工费用。企业需要探索一种既能降低成本费用，又能确保物资管理质量的创新方法。这包括进行技术革新和技术改造，以充分发挥设备的潜力，并实行分口、分类的仓储成本管理，加强经济核算，从而实现仓储成本的持续降低。企业要重视库内装卸搬运成本的管理。物资的出入库主要依赖装卸搬运作业，而装卸搬运机械设备的折旧费用是这项成本中的主要部分。因此，仓储部门在选择机械设备时，应注重其经济性和实用性，避免盲目追求高端设备而增加不必要的折旧费用。

仓储人工费用的管理主要包括仓储管理人员和生产工人的工资、奖金、福利费等。为了降低人工费用，企业应尽量减少与仓储作业量无直接关系的非生产工人的工资支出，并通过提高劳动生产率来降低活劳动的消耗成本。此外，选择合适的劳动组织形式和工资形式也对降低人工费用具有重要影响。

（三）降低仓储成本的措施

用"先进先出"方式，减少仓储物的保管风险。先进先出，是储存管理的准则之一，它能保证每个储存物的储存期不至于过长，减少仓储物的保管风险。提高储存密度和仓容利用率。其主要目的是减少储存设施的投资，提高单位存储面积的利用率，以降低成本、减少土地占用。采用有效的储存定位系统，提高仓储作业效率。

储存定位的含义是被储存物位置的确定。如果定位系统有效，能大大节约寻找、存放、取出的时间，节约不少物化劳动及活劳动，而且能防止差错，便于清点及实行订货点等的管理方式。储存定位系统可采取先进的计算机管理，也可采取一般人工管理。采用有效的收测清点方式，提高仓储作业的准确程度。对储存物资数量和质量的监测有利于掌握仓储的基本情况，也有利于科学控制库存。在实际操作中稍有差错，就会使账物不符，必须及时且准确地掌握实际储存情况，经常与账卡核对，确保仓储物资的完好无损，这是人工管理或计算机管理必不可少的。此外，经常监测也是检测储存物资状况的重要工作。加速周转，提高单位仓容产出。

储存现代化的重要课题是将静态储存变为动态储存，周转速度加快，会带来一系列的好处，如资金备用周转快、资本效益高、货损货差小、仓库吞吐能力增加、成本下降等。具体做法诸如采用单元集成存储，建立快速分拣系统，有利于实现快进快出、大进大出。采取多种经营，盘活资产。仓储设施和设备的投入，只有在充分利用的情况下才能获得收益，如果不能投入使用或只是低效率使用，只会造成成本的加大。仓储企业应及时决策，采取出租、借用、出售等多种经营方式盘活这些资产，提高资产设备的利用率。加强劳动管理。

工资是仓储成本的重要组成部分，劳动力的合理使用，是控制人员工资的基本原则。我国是具有劳动力优势的国家，工资较低廉，较多使用劳动力是合理的选择。但对劳动进行有效管理，避免人浮于事，出工不出力或效率低下也是成本管理的重要内容。

经营管理成本是企业经营活动和管理活动的费用和成本支出，包括管理费、业务费、交易成本等。加强该类成本管理，减少不必要支出，也能实现成本降低。当经营管理成本费用的支出时常不能产生直接的收益和回报，又不能完全取消时，加强管理是很有必要的。

三、电子商务物流的仓储优化策略

（一）ABC 分类法在库存管理中的应用

在仓储管理中，ABC 分类法以其独特的分类方式，被广大企业视为优化库存管理的有力工具。这种分类方法不仅是基于物品的价值，还考虑到使用频率，从而为企业提供了一种更加精细化、有针对性的管理手段。

ABC 分类法的核心在于将库存物品按照其价值和使用频率进行细致分类。具体而言，A 类物品代表着高价值且使用频繁的物品，这类物品虽然数量不多，但资金占用比例极高，因此需要企业给予特别的关注和精细化的管理。针对 A 类物品，企业应实时监控库存量，设定合理的安全库存，确保供应的稳定性，同时力求降低库存成本。相较之下，B 类物品在价值和资金占用上处于中等水平，其管理策略也应适中，旨在平衡库存与资金的关系。而 C 类物品，虽然数量众多，但价值较低，资金占用也较少。对于这类物品，企业可以采取更为宽松的管理方式，通过减少库存量和资金占用，以达到节约成本的目的。这种分类方法不仅有助于企业更精确地控制库存量，还能指导采购策略的制定。例如，对于 A 类物品，企业应与供应商建立长期稳定的合作关系，以确保供应的及时性和稳定性。而对于 B 类和 C 类物品，企业则可以根据市场需求和历史数据，采取更为灵活的采购方式。

企业可以为不同类型的物品设定不同的管理参数和报警机制，以便及时发现并解决库存问题。而通过对历史数据的分析和预测，企业也能够更准确地制订库存计划和销售策略。

（二）定期盘点与循环盘点策略

定期盘点是一种固定周期的盘点方式，企业会按照计划进行全面清点。这种盘点策略的特点是在特定的时间间隔上对库存水平进行检查，如每季度、每月或每周进行一次。

定期盘点的优势在于其全面性和周期性，可以确保企业全面掌握库存情况，及时发现和解决问题。然而，这种策略也存在一些缺点，比如需要投入大量的人力、物力和时间资源，且可能在盘点期间影响正常的物资出入库操作。

循环盘点则是一种更为灵活的盘点方式，它将物资逐区、逐类、分批、分期、分库进行连续盘点，或者在某类物资达到最低存量时进行盘点。这种策略的优点在于可以将繁重的盘点工作分散到日常工作中，减轻了一次性投入大量资源进行全面盘点的压力。循环盘点可以及时发现并解决库存中的问题，防止问题积累。循环盘点也需要专业盘点人员常年划分物资类别，并利用其丰富的经验进行连续盘点，这可能会增加企业的运营成本。在选择定期盘点还是循环盘点时，企业需要综合考虑自身的实际情况和需求。如果企业的库存量较大、物资种类繁多，且希望全面掌握库存情况，定期盘点就可能更为合适。而如果企业希望将盘点工作分配到日常工作中，减轻一次性盘点的压力，及时发现并解决问题，那么循环盘点可能更为合适。

（三）精益仓储管理：减少浪费、提高效率

精益仓储管理，作为一种以减少浪费、提高效率为核心的管理理念，其核心思想是通过不断识别和消除仓储过程中的浪费，优化资源配置，提高操作效率，从而达到降低成本、提高客户满意度和增强企业竞争力的目标。

在仓储管理中，浪费可能以多种形式存在，如不必要的物料搬运、过度的库存、长时间的等待和延误，以及不合理的工作流程等。精益仓储管理致力于通过精细化的操作策略来消除这些浪费。例如，通过引入先进的仓储管理系统（WMS），企业可以实时监控库存情况，准确预测需求，从而避免过度的库存积压和缺货现象。这种管理方式不仅减少了资金的占用，还提高了库存周转率，使得企业能够更灵活地应对市场变化。精益仓储管理还强调对工作流程的优化。通过对现有流程进行深入分析，找出"瓶颈"和低效环节，进而提出改进措施，可以显著提高工作效率。例如，引入标准化的操作流程和可视化的管理工具，可以减少操作失误和等待时间，提高员工的工作效率。同时，通过定期的员工培训和考核，可以提升员工对精益管理理念的认识和执行力，从而确保改进措施的有效实施。精益仓储管理还注重与其他管理理念的融合，如六西格玛、5S 管理等。这些理念的引入可以进一步提升仓储管理的专业性和系统性。例如，六西格玛的引入可以帮助企业更加精确地定义和测量仓储过程中的关键指标，从而找出改进的机会；而 5S 管理则有助于创建一个整洁、有序的工作环境，提高员工的工作效率和安全性。

在实施精益仓储管理的过程中，企业需要注重数据的收集和分析。通过对历史数据的深入挖掘和对实时数据的监控，企业可以更加准确地了解仓储过程中的问题和挑战，从而制定出更加有效的改进措施。同时，企业还需要建立一种持续改进的文化氛围，鼓励员工积极参与改进活动，分享经验和教训，共同推动仓储管理的持续优化。值得一提的是，精益仓储管理并不仅仅是一

种技术手段或者管理工具的应用，更是一种管理理念和文化的转变。它要求企业从以数量和规模为导向的传统管理模式转变为以质量和效率为导向的管理模式。这种转变不仅需要企业在技术和设备上进行投入和更新，更需要企业在管理理念、组织结构和员工能力上进行全面的提高和变革。

第 7 章　物流网络与运输管理

物流网络与运输管理连接着供应链各个环节，从供应商到生产商，再到分销商和最终消费者，确保货物能够高效、可靠地流动。一个精心设计的物流网络能够显著减少企业的运输时间和成本，进而提高运营效率和客户满意度，这在激烈的市场竞争中显得尤为重要。为了进一步优化物流效率，企业需要深入探讨物流网络规划的原则和方法，选择适当的运输方式，规划最优路径，并进行实时货物跟踪。同时，有效的风险管理也是必不可少的环节，以确保货物在运输过程中的安全。此外，"最后一公里"配送作为物流网络中的最后一环，也面临着诸多挑战，需要企业不断创新解决方案以提升配送效率并满足客户需求。综合考虑这些因素，企业可以降低成本，提高运营效率和客户体验，从而在激烈的市场竞争中脱颖而出。

物流网络规划

物流网络规划是电子商务物流体系中的基石，它关乎整个物流运作的流畅性和效率。一个合理的物流网络规划，能够确保商品从供应商到最终消费者手中的过程既迅速又经济，从而为企业提供强大的竞争优势。通过精心设计的物流网络，使企业可以减少运输成本、缩短交货时间，并提高客户满意度。

一、物流网络规划的目标和原则

（一）物流网络规划的主要目标

提高物流效率是物流网络规划的核心目标之一。通过优化运输路线、减少转运次数和缩短运输时间，可以加快货物的流通速度，确保产品能够快速、准确地从供应地到达需求地。这种效率的提高不仅有助于减少库存积压和资金占用，还能增强企业对市场需求的响应能力，提高客户满意度。

物流成本在企业运营成本中占有相当大的比重，通过合理的网络规划来降低物流成本对于提升企业盈利能力具有重要意义。这包括优化运输方式的选择、减少运输距离、提高装载率以及合理利用仓储资源等措施，以降低运输成本、仓储成本和装卸成本等。物流网络规划还致力于增强物流系统的灵活性。市场环境和客户需求的变化是常态，一个灵活的物流网络能够更好地适应这些变化。通过设计可扩展的物流节点、建立多渠道的分销网络和引入先进的物流技术，企业可以更快地调整物流策略，满足市场的多样化需求。物流网络规划也注重提高客户服务水平。确保货物按时送达、提供可靠的物流服务是维护客户关系的基石。通过合理的网络布局和先进的物流管理系统，企业可以提供更高效、更准确的物流服务，从而提升客户满意度和忠诚度。

物流网络规划还关注环境的可持续性发展和社会责任。对于全社会环境保护意识的增强，企业在规划物流网络时需要考虑如何减少对环境的影响。这包括选择环保的运输方式、优化运输路径以减少碳排放、推广绿色包装等措施。同时，企业需要在物流运营中关注社会责任，确保物流活动对当地社区和环境造成的影响最小。物流网络规划的目标还包括促进供应链协同和信息共享。通过加强供应链各个环节之间的沟通和协作，可以提高整个供应链的响应速度和灵活性。信息共享和透明度是实现这一目标的关键，它有助于减少信息不对称和"牛鞭效应"，提高供应链的整体效率。

（二）物流网络规划的基本原则

物流网络规划的基本原则是一个综合的、多方面的考量，旨在确保网络的高效性、经济性和可持续性。

规划应遵循统一规划原则，与总体规划和地区经济发展总体规划保持协调，避免资源浪费和重复建设。物流节点的设置应遵循有利于运输合理的原则，通常应位于交通干线上，以提高运输效率和效益。在物流网络中，各个节点应有明确的分工，并根据其功能进行合理连接，这体现了物流节点分工与连接的原则。此外，在选择物流节点位置时，应考虑地形环境等有利因素，以降低基建费用，这体现了节省投资的原则。

物流网络规划还应具有前瞻性，考虑到未来的市场发展和变化，使网点布局方案对今后的发展具有较好的适应能力，这是适度超前的原则。物流网络应能够在满足客户需求的同时提供高质量的服务，如准时交货、确保运输安全以及信息的及时准确性，这体现了服务水平原则。在权衡成本与服务水平之间的关系时，物流网络设计需要合理配置仓储和运输设施、控制库存水平以及优化路线和节点选择等方式来降低物流成本并提高效益，这体现了成本效益的原则。

物流网络应具备适应市场需求变化的能力，以提高灵活性，这是灵活性原则。物流网络设计过程中还应考虑环境保护和资源利用的问题，鼓励使用环保的运输方式和包装材料以减少对环境的影响，这体现了可持续发展原则。这些原则共同构成了物流网络规划的基础和指导方针，旨在确保物流网络的高效、可持续和经济性。物流网络规划设计是供应链战略和实际运作的衔接桥梁，既要考虑到供应链战略的实现，又要考虑设计决策对于未来物流运作的约束作用；物流网络的效率很大程度上取决于物流网络设计的合理性，只有设计合理，才能使物流系统获得整体的最优。

二、构建高效物流网络的策略

（一）设施布局的优化方法

加强基础设施建设就是加大对交通运输设施的投资，如公路、铁路、港口和机场等，以提高运输能力和效率。与此同时，要加强路网规划和建设，确保交通流畅，并注重对交通运输设施的维护和管理，确保其长期运行和安全性。

优化运输路线是提高物流效率的关键。通过使用先进的技术和数据分析方法，企业可以确定最佳的运输路线，从而减少运输时间和成本。例如，利用智能物流系统实时监控和调度货物的运输，可以确保货物按时、准确地到达目的地。

政府要鼓励物流企业之间的合作，共享资源和信息，从而提高物流资源的利用效率。此外，建立物流园区和物流中心可以集中物流资源，提供更快速、便捷的物流服务。这种集中化的管理方式有助于减少物流过程中的冗余和浪费，提高其整体运作效率。提升物流运输技术也是构建高效物流网络的重要一环。通过引入先进的技术和设备，如无人机和自动化设备，可以大大提高货物的运输速度和准确性。

利用大数据和人工智能技术来优化运输调度和货物配送也是当前的趋势。这些技术的应用不仅提高了物流运输的效率和可靠性，还为企业提供了更多关于市场需求、货物状态等的实时信息。加强人才培养也是不可或缺的。政府和企业应加大对物流相关人才的培养和引进力度。通过提供专业的物流培训和教育资源，培养出一批具备专业知识和技能的物流人才。

建立高效的物流信息网络是构建高效物流网络的重要组成部分。通过优化供应链管理、选择合适的物流信息系统以及实现数据的集成和共享等措施，可以确保信息的实时传递和准确性。这将有助于提高物流网络的透明度和可控性，从而进一步提升物流效率和服务质量。

（二）如何提升物流网络的响应速度和灵活性

利用先进的物联网技术可以显著提升物流网络的响应速度。通过在运输工具上安装传感器和 GPS 定位装置，可以实时追踪货物的位置和状态。这种实时监控不仅提高了物流信息的透明度，还使得物流企业能够迅速响应任何突发情况，及时调整运输策略。

通过对海量的物流数据（如订单信息、运输路径、交通状况等）进行收集和分析，物流企业可以预测运输需求，优化路径规划，从而减少运输时间和成本。这种预测和优化能力使得物流企业能够更快地响应客户需求，提高服务质量。

为了增强物流网络的灵活性，需要建立多元化的运输模式。海运、陆运、空运等多种方式的结合，使得物流企业能够根据客户需求和市场变化灵活调整运输方式。这种多元化的运输策略不仅提高了物流网络的适应性，也降低了对单一运输方式的依赖风险。

数字化和自动化技术的应用是提升物流网络灵活性的关键。通过自动化仓库管理系统、智能调度系统等数字化工具，物流企业可以实现快速、准确的订单处理和货物配送。这种自动化的管理方式减少了人为错误，提高了工作效率，使得物流企业能够更灵活地应对各种复杂情况。与多个供应商建立合作关系也是提高物流网络灵活性的有效方法。当某个供应商或运输渠道出现问题时，物流企业可以迅速转向其他合作伙伴，确保物流网络的稳定运行。这种多元化的合作策略降低了物流企业对单一供应商的依赖，提高了整体网络的灵活性和抗风险能力。

（三）利用先进技术优化物流策略

物联网技术的应用使得每一件货物都能被精确地追踪和管理。通过在货物上贴上 RFID 标签或使用其他传感器技术，企业可以实时监控货物的位置、温度和湿度等信息，从而确保货物的安全和品质。这种技术不仅提高了物流的透明度，还有助于及时发现并解决问题，如防止货物丢失、损坏或过期。大数据技术则为企业提供了深入的市场洞察和精准的预测能力。

通过对历史物流数据、市场数据以及用户行为数据等进行分析，企业可以更准确地预测未来的市场需求和物流趋势，从而制定更为合理的库存管理和运输策略。这不仅有助于减少库存积压和缺货现象，还能提高运输效率和客户满意度。人工智能技术在物流领域的应用也日益广泛。智能调度系统能够根据实时的交通信息和货物情况，自动规划出最优的运输路线和时间表。同时，自动化的装卸系统和仓库管理系统也能大大提高工作效率和准确性，减少人为错误和降低劳动成本。

无人驾驶技术和无人机配送等先进技术正在逐步改变物流行业的格局。这些技术能够在复杂的环境中自主导航和避障，实现快速、准确的货物配送。虽然目前这些技术还面临一些法律和安全的挑战，但随着技术的不断进步和政策的逐步完善，它们有望成为未来物流领域的重要力量。而云计算、区块链等新技术也为物流行业的优化提供了新的可能。云计算能够提供弹性的计算和存储资源，支持物流系统的快速扩展和高效运营；而区块链技术则能够确保物流信息的真实性和不可篡改性，提高供应链的透明度和信任度。

运输方式选择与优化

不同的运输方式对于物流成本、时效以及客户体验等方面都有着显著的影响。因此，企业需要根据自身的业务需求、客户分布以及运输成本等多个因素进行综合考虑，选择最合适的运输方式并进行优化。通过科学合理的运输方式选择与优化，企业不仅可以降低物流成本，还能提高物流效率，进而增强企业的整体运营效果。

一、不同运输方式的经济性与效率

（一）不同运输方式的时效性与效率

运输方式是从事运输活动所采用的某种手段或方法。按照运输所使用的工具不同，运输方式分为以下几种。①铁路运输：所使用的工具是铁路列车；②水路运输：包括内河运输和海洋运输；③海洋运输：又可以分为沿海运输和远洋运输两大类，我国90%的出口贸易货物都是通过远洋运输完成的；④公路运输：汽车是公路运输最基本的运输工具，不仅行驶在公路上的汽车运输是公路运输，凡是使用汽车从事的运输都称作公路运输，所以公路运输又称作汽车运输；⑤航空运输：所使用的工具是飞机，有全货机和客货两用机之分。在各种运输方式中，航空运输速度最快，其次为铁路运输，水路船舶运输的技术速度相对最慢，准时性差。

在这几种运输方式中，水路运输的运输能力最大，海上运输小的有几千吨级的轮船，最大的有50万～60万吨级的远洋油船，一艘万吨级轮船的装运量相当于铁路货车200～300节车皮的运量，等于5～6列火车；内河航行的轮船有几十吨、几百吨甚至几千吨的轮船，长江上功率为4413kW（6000马力）的推轮，顶推能力达3万～4万吨；其次为铁路运输，一列货车可装2000～3500吨货物，重载列车可装20000多吨货物，单线单向年最大货物运输能力达1800万吨，复线达5500万吨，运行组织较好的国家，单线单向年最大货物运输能力达4000万吨，复线单向年最大货物运输能力超过1亿吨；飞机的载运量很小，即使是大型的波音747货机，如波音747-8货机的总业载能力也只达154吨；公路运载工具的容量最小，通常载重量是5～10吨。从运输工具的承载能力看，从大到小依次是水路、铁路、航空和公路。

（二）不同运输方式的运输成本

运输成本是指运输企业在一定时间内完成一定客货运输量的全部费用支出，称该期运输总成本。单位运输产品分摊的运输费用支出，称单位运输产品成本，简称运输成本。

　　运输成本是一个综合性指标，反映了劳动生产率的高低、燃料的节约与浪费、设备利用率的高低、运输组织工作的改进。运输成本涵盖了固定设施成本，如铁路、公路、停车场、机场等的建设；移动设备拥有成本，如铁路机车车辆、卡车、公共汽车、各类客货船舶和飞机等；运营成本，在运营成本中有两类是直接与运输量相关的变动成本：一类是直接运营人员的工资，另一类是运输工具消耗的燃料，运输工作量越大，这些直接的运营成本数量也会越大。铁路货运成本结构最显著的特点：其一，"与运量无关"的成本费用（指线路、通信设备、大型建筑物、技术建筑物的运用、维护费用，以及管理人员工资等）占铁路货运成本的 50% 左右，单线铁路每公里造价为 100 万～300 万元，复线造价为 400 万～500 万元；铁路运输能耗较低，每千吨公里耗标准燃料为汽车运输的 1/15～1/11，为民航运输的 1/174，但是这两项指标都高于沿海和内河运输。其二，始发和终到作业费用约占运输成本的 18% 左右，所以运距短时，成本高，只有运距较长时，成本才能大幅度下降。

　　水运业的基本成本由高的可变成本和低的固定成本构成。由于海运平均运距较长，所以海运货运成本大大低于其他运输方式。水路运输只需利用江河湖海等自然水利资源，除必须投资构造船舶、建设港口之外，沿海航道几乎不需投资，整治航道也仅仅只有铁路建设费用的 1/5～1/3；水路运输成本低，我国沿海运输成本只有铁路的 40%，但搬运和装卸费用高，装卸作业量大。

　　航空运输的成本结构可分为运营成本和期间费用两大部分。航空公司的运营成本是指飞机在航班生产过程中产生的各种费用。运营成本由直接运营成本和间接运营成本构成。其中直接运营成本，包括燃油成本、航材消耗、机场起降费、空地勤人员工资奖金津贴及补贴、福利费、制服费、飞机发动机折旧费、飞机发动机修理费、飞机发动机保险费、经营租赁费等。间接运营成本，主要是指保证飞机安全正常飞行及维修管理部门发生的费用。期间费用是指本期发生的、不能直接归入某种航线产品的各项费用，包括管理费用、销售费用、财务费用、主营业务税金及附加和民航基础设施建设基金。

　　公路货运的成本结构包括较高的可变成本和较低的固定成本。公路货运营运成本一般比铁路、水运要高很多倍。与铁路运输业相似，管道运输业的固定成本比较高，而可变成本所占比例低。从线路建设投资看，从大到小依次是铁路、管道、公路、内河、航空和海运；从运输工具投资看，从大到小依次是飞机、轮船、火车、汽车；从运营成本看，从大到小依次是航空、公路、铁路、水路和管道。

（三）不同运输方式的灵活性与安全性

运输灵活性是指一种运输方式在任意给定的两点间的服务能力。公路运输机动灵活、迅速，便于实行"门到门"运输。公路运输的送达速度快，对不同的自然条件适应性强，空间活动的灵活性很大，特别是在短途和某些货物的中距离运输中有明显优势。同时，公路运输可以直接深入中、小城市和偏僻山区、农村，可以做到"门到门"直达运输，减少中转环节，加速货物的运送，提高货运质量，加快资金的周转。

航空运输机动性较强，飞机在空中运行，受地理因素的影响较小，只需在航线两端配备必要的设施就可以实现航空运输，机动性很强。特别对于那些紧急少量的运输需要，如救灾、军事、警务等，航空运输更能显示出灵活机动的特点。而水路运输灵活性相对较差。由于是水上航行，难免会受到气候因素的干扰，而且航道等级和港湾水深差别较大，使得水运的灵活性和直达性较差，往往需要地面其他运输方式的配合才能完成运输过程，将货物送达目的地。

安全是人们对运输最基本的要求。从经济角度看，安全具有避免与减少事故损耗和经济损失，以及维护生产力与保障社会经济财富增值的双重功能和作用。现有理论主要采用结果性统计指标描述运输，如交通事故损失额、交通事故伤亡率、减少交通事故损失率、减少交通事故伤亡率等。而更完善的安全性评价体系应该更全面地考虑运输质量的技术经济保障，可以从车辆等级、新旧程度、驾驶技术以及运输企业对安全提供的经济保障。在这几种运输方式中，民航的安全性要高于铁路运输；水路运输受环境因素、天气因素等影响，安全性较差；最后是公路运输，公路运输安全性差，主要是由于公路运输组织和运行的复杂程度高，车辆状况和驾驶员的状态一定程度上不可控，使得公路运输的事故率远远高于其他运输方式，安全性较差。

目前，由于社会经济结构的变化，运输需求已经有了较大的变化，而且在不同的需求条件下，各种运输方式的技术经济特征也有明显的差别。因此，在以需求为主导的市场经济条件下，应按照市场经济规律的要求，结合特定的运输环境，从用户需求角度来分析各种运输方式的技术经济特性，充分发挥各种运输方式的技术经济优势，博采众长，各取优势，建立综合性交通运输体系，保证在市场经济条件下综合运输系统自身的持续发展。

二、多式联运与运输方式的协同优化

　　所谓多式联运，就是指根据物流业务需求，有效组合各种运输方式，形成一体化运输模式，全程提单由多式联运经营人进行签发，并整个运输过程由不同运输区段的承运人分别负责。通过对运输方式进行有效选择，有助于运输成本的降低和运输效率的提高，同时多式联运也是我国运输经济的未来发展趋势。多式联运的主要思想是在运输链中综合利用不同运输方式的优势，提高经济绩效。如今物流经济效益增长，就是由于选用了合适的运输方式，因此，相对于传统运输方式而言，多式联运的主要优势就是具有较低的外部成本的特性。多式联运组合优化能提升不同运输方式之间转运效率等，提效多式联运"中间一公里"，实现铁路、水运、公路、航空等物流体系的"零距离、零换乘"接力运输。多式联运组合优化在智慧物流的研究中显现出潜在应用价值，同步运输协同优化和物联网协同优化是实现智慧物流的理论基础之一。企业应用同步运输和物联网相关技术，以满足客户日益增长的个性化物流需求的趋势日益显著。

　　多式联运在现代物流中扮演着至关重要的角色，它结合了海运、铁路、公路、航空等多种运输方式，通过优化组合和高效衔接，显著提高了物流效率和降低了运输成本。多式联运以其高效、灵活、环保的特点，在现代物流中得到了广泛应用。多式联运通过整合不同运输方式的优势，实现了运输资源的最大化利用。例如，海运具有运量大、成本低的特点，适合长距离运输；而铁路和公路运输则更具灵活性和便捷性，适合短途和"门到门"服务。通过将这些运输方式有机结合，多式联运能够根据不同货物的特性和运输需求，提供最优化的运输方案。多式联运在提高运输效率方面表现出色。传统的分段运输方式往往需要在中转站进行换装和等待，而多式联运则通过标准化集装箱和先进的信息技术，实现了各种运输方式之间的无缝对接。这不仅减少了中转时间和货物损失，还提高了整体供应链的响应速度。多式联运还有助于降低运输成本。通过合理规划和搭配各种运输方式，多式联运能够有效降低单位货物每公里的运输成本。对于长途运输和跨国贸易而言，这种成本优势尤为明显，为企业节省了大量物流成本。

　　多式联运推动了绿色物流的发展。相较于单一的公路运输，多式联运能够减少大量的二氧化碳排放和能源消耗，从而降低对环境的负面影响。这与现代物流所倡导的绿色发展理念不谋而合。

在现代物流体系中，不同运输方式之间的协同优化过程是一个多方面的考量，它涵盖了路径规划与调度、多式联运的整合、信息化和智能化技术的应用、合作伙伴的选择与协同、运输绩效评估以及环境可持续性等因素。为了实现高效的协同优化，企业不仅需要利用先进的算法和技术对运输路线进行精细化规划，确保货物能够快速且经济地到达目的地，还需要通过多式联运的方式，将公路、铁路、水路、航空等不同的运输方式有机结合起来，打破信息壁垒，实现货物在不同运输方式之间的无缝转换。同时，借助物联网、大数据等信息化和智能化技术，企业可以实时监控货物的运输状态，及时发现并解决潜在问题。此外，选择合适的物流服务提供商和建立稳固的合作伙伴关系，也是确保运输过程顺畅无误的关键。在这一过程中，企业还需持续对运输绩效进行评估，以便及时调整运输策略，实现持续改进。同时，环境可持续性也被纳入考量范围，企业致力于选择更环保的运输方式和优化运输路线，以降低碳排放，实现绿色物流。通过这样的协同优化，企业不仅能够构建一个高效、灵活的现代物流体系，还能在激烈的市场竞争中保持领先地位，实现可持续发展。

"最后一公里" 配送挑战

在电子商务物流系统中，"最后一公里"配送不仅是一个物流术语，更代表着从分拣中心到客户手中的关键交付过程。这一环节在整个物流链中占据着举足轻重的地位，因为它是唯一直接与客户互动的部分，对于塑造客户对电商和物流企业的印象至关重要。面对多样化的客户群体，如学生、上班族和退休人员等，他们对配送时间、地点的需求各异，这为"最后一公里"配送带来了不小的挑战。同时，城市交通的拥堵、天气变化以及客户可接收包裹的时间窗口等不确定因素，也增加了这一环节的复杂性。为了提高服务质量和客户满意度，电商和物流企业正积极探索和创新配送策略，比如通过设置地铁自提点、社区自提柜或与便利店合作等方式，为客户提供更多灵活的取货选择。此外，随着技术的不断进步，如RFID、条码技术以及先进信息系统的引入，正在逐步提高"最后一公里"配送的效率和精确度，从而为客户提供更加便捷、可靠的服务体验。

一、"最后一公里"配送的现状与趋势

（一）"最后一公里"配送面临的问题和挑战

"最后一公里"商品配送随着社会经济的不断发展而面临着新的问题。不断加快的城市化进程，人们的快节奏生活，日益加剧的交通拥堵问题，都是影响"最后一公里"商品配送的重要因素。

货物调配难：智能化、信息化等现代化技术虽然是物流行业发展的方向，但现代化技术的应用需要比较大的资金投入。在这些方面，虽然许多物流企业在某些重要节点城市建立了高水平的现代化物流分拣中心，但到了"最后一公里"，在配送作业的分拣作业中，现代化手段的使用就很难看到了，大部分物流企业都是采用传统的手工分拣方式，而这往往会造成分拣出错、运作效率低下等问题，而调配中出现的这些问题在很多时候会造成货物滞留，给分拣配送中心的工作带来不少的困扰。

运输难：我国地域广阔，各种极端天气会在各地出现，造成运输困难，从而造成大量货物的滞留；各地因各种状况，会出台不同的管制措施，也会使物流企业的配送陷入停滞；随着经济的发展，城市的各种车辆越来越多，城市道路拥堵也会如影随形地出现在派件员的身边；随着城市化进程的加快，我国的大多数城市都在扩张中，不断出现新的建筑、新的街道，派件员需要不断适应新的城市环境，如此等等，各种状况造成的货物运输难题，严重影响了商品"最后一公里"的派送。

农村地区的货物派送面临着较大困难：近年来，我国广大农村地区的电子商务发展也十分迅速，相对于城市，农村地广人稀，交通不便，精壮劳动力缺乏，"最后一公里"的派件更是面临巨大的困难，严重限制了电子商务在农村的发展。

货物派送时间集中：随着电子商务运营模式和营销方式的改变，货物的销售集中在特定时间点已经成为常态。淘宝、天猫、京东、苏宁等绝大多数的电子商务企业都在营造某一特定时间点集中购物的氛围，而同一个时间点的集中出货和配送也成了中国物流业的噩梦。近年来在电子商务企业"大促"后，大家在各种媒体上看到的物流企业门口堆积如山的货物就是物流业真实的写照。

"最后一公里"商品配送的人工成本较高："最后一公里"的货物配送

都是小批量、多频次，配送时会耗费大量的人力、物力以及时间。随着我国经济的快速发展，派件员这一职业的薪金水平也水涨船高，甚至引领着普通劳动者收入的增长；派件员行业的户外风吹雨淋日晒的工作性质、高强度的劳动节奏，使很多企业招工困难，这又进一步推动了派件员工资的上涨。人工成本的上涨也是物流"最后一公里"配送的难题。

（二）"最后一公里"配送的发展趋势和未来可能的变革

在未来物流行业的智慧型发展背景下，"最后一公里"配送正迎来前所未有的发展与变革。配送服务在效率、精准度和环保性方面都会有显著提升。智能化技术的应用，如无人机、自动配送车和智能包裹柜等，极大地提升了配送的智能化水平，不仅优化了配送效率，还有效降低了人力成本。

借助实时数据分析和远程监控，配送服务得以更加精准、高效和安全。在环保意识日益增强的今天，绿色化配送也逐渐成为行业的重要发展方向。通过采用电动车和新能源车等环保型运输工具，以及优化包装、减少浪费等措施，物流行业正努力实现更环保、更可持续的发展。为了提高配送效率，行业还在不断探索新的配送模式。

融合式配送整合了不同快递企业的资源，减少了重复配送，优化了资源配置。而自动驾驶车辆、无人机等技术的引入，也进一步提高了配送的效率和准确性。数据化管理是现代物流配送的一个重要特征。通过利用信息技术实时获取并分析交通数据、历史配送数据等，企业可以更全面地了解物流运营情况，进而优化配送路径和流程，提升配送效率和客户满意度。

随着技术的进步和时代的发展，配送方式将更加多样化，如利用共享单车、步行配送等方式，以适应不同的城市环境和客户需求。同时，为了满足消费者对配送速度和服务质量的更高期望，未来将提供定制化的配送服务，如定时配送、指定地点配送等。此外，跨界合作与共享经济的理念也可能被引入"最后一公里"配送中，通过与其他行业的合作与资源共享，形成更加便捷、高效的一站式服务，以进一步提高配送效率和降低成本。在物联网、大数据、人工智能和环保意识等多重因素的推动下，"最后一公里"配送正朝着更加智能化、绿色化、高效化和数据化的方向发展。这不仅将提高物流行业的整体运营效率和服务质量，还将为消费者带来更加便捷、环保和个性化的配送体验。

二、技术革新在"最后一公里"配送中的应用

（一）智能化技术的应用

智能化配送系统的核心在于利用先进的技术手段对配送过程进行精细化的管理和优化。无人机配送技术因其灵活、快速和低成本的特点，在城市短途配送中表现出色。在交通拥堵或高峰时段，无人机能够绕过地面障碍，迅速准确地将包裹送达消费者手中。

自动驾驶车辆也在配送中发挥着越来越重要的作用。这些车辆配备了先进的传感器和导航系统，能够自主完成配送任务，不仅降低了人力成本，还在恶劣天气或复杂环境下保持了稳定的配送能力。物联网技术的运用使得物流企业可以实时监控包裹的位置和状态，确保配送过程的安全和质量。例如，一些智能快递柜通过温度传感器和湿度传感器实时监测包裹的存储环境，从而确保包裹的完好。

智慧配送信息平台通过大数据、云计算等技术手段，对订单信息、交通路况、车辆信息等数据进行获取与分析，进而优化配送方案。这种智能化的管理方式不仅提高了配送效率，还让消费者能够实时了解配送进度并对服务进行评价，从而增强了消费者的满意度和忠诚度。

在新物流发展的过程中，智慧配送信息平台与配送中心共同构成了完整的物流"最后一公里"配送体系。通过运用大数据、云计算、物联网等技术手段，这一体系不断改进和优化配送流程。同时，为了确保配送人员的身份真实性和服务质量，物流公司要求配送人员提交真实的身份信息，并允许消费者对配送人员的服务进行评价。智能化技术在物流"最后一公里"配送中通过无人机配送、自动驾驶车辆、物联网技术和智慧配送信息平台等先进手段的综合运用，物流配送的效率和准确性得到了显著提升。这不仅为物流企业带来了可观的效益，也为消费者提供了更加便捷、高效的购物体验。

（二）数据分析与优化技术的应用

数据分析与优化技术在"城市最后一公里"配送中的应用不仅提高了配送效率，还显著提升了服务质量。在这个数字化、智能化的时代，数据已经成为行业发展的推动力，而物流配送行业正是这一变革的受益者和引领者。通过数据分析技术，配送公司能够更准确地掌握市场动态和客户需求。利用历史订单数据、用户行为数据等多维度信息，配送公司可以构建出精细化的

预测模型，从而精确预测各区域的配送需求。这种预测能力使得公司能够提前做好资源配置，包括人员、车辆、仓储等，确保在客户需要的时候能够迅速、准确地完成配送任务。这种基于数据的决策方式，大大提高了配送的响应速度和客户满意度。

在传统的配送模式中，路线规划往往依赖于人工经验和直觉。然而，在大数据的加持下，配送公司可以利用实时交通信息、天气状况、道路状况等多源数据，结合先进的算法模型，设计出最优的配送路线。这不仅缩短了行驶时间和距离，减少了油耗和人力成本，还提高了配送的可靠性和稳定性。

实时数据分析技术还为车辆调度提供了有力支持。通过实时监控车辆位置和状态，配送公司可以更加合理地调度车辆，确保每个配送任务都能得到及时有效地完成。这种调度优化避免了车辆的空驶和等待时间，提高了车辆的使用效率和配送效率。同时，对于突发状况，如交通拥堵、车辆故障等，实时数据分析也能帮助公司迅速做出调整，确保配送任务不受影响。

通过收集和分析配送员的工作数据，如送货时间、准确率、客户满意度等，公司可以构建出一个全面、客观的绩效评估体系。这不仅有助于公司更加公正地评价配送员的工作表现，还能激励配送员提高自身的工作效率和服务质量。同时，这种数据驱动的绩效评估方式也能帮助公司及时发现和解决问题，进一步提升整体的服务水平。

物联网技术的引入为"城市最后一公里"配送带来了更多的可能性。以RFID技术为例，通过给每个商品配备一个RFID标签，配送公司可以实时追踪商品的位置和状态。这些信息被上传至服务器后，通过大数据分析技术进行处理和分析，使得公司能够清晰地掌握每个商品的流动情况。这不仅提高了配送的透明度和可追溯性，还为客户提供了更加便捷、个性化的服务体验。数据分析技术实现了"城市最后一公里"配送的便捷性和及时性。通过对现有配送数据的深入分析，包括订单量、配送时间、客户反馈等信息，公司可以找出配送过程中的"瓶颈"和问题所在。在此基础上，利用优化算法对配送路径方案进行改进和优化，从而得出更加高效的配送路径。这不仅提升了用户的购物和寄件体验，降低了配送成本，还为公司赢得了更多的市场份额和客户信赖。从需求预测到路线优化，从车辆调度到绩效评估，数据分析技术为配送公司提供了全方位的支持和保障。未来的"城市最后一公里"配送将更加智能、高效和个性化。

（三）移动通信与支付技术的应用

通过高效的移动通信网络，配送员可以实时接收和更新订单信息，确保准确无误地将包裹送达客户手中。此外，移动通信技术还支持实时跟踪和监控配送过程，提高了配送的透明度和效率。对于客户来说，他们可以通过手机等移动设备随时查询订单状态，享受更加便捷的服务。

在支付技术方面，移动支付已经渗透到"最后一公里"服务的各个环节。例如，在配送过程中，客户可以通过移动支付快速完成付款，避免了现金交易的烦琐和风险。同时，移动支付还为商家提供了更多的营销和数据分析工具，帮助他们更好地了解客户需求，优化服务流程。

除了配送领域，移动通信与支付技术在智慧停车方面也展现出了巨大的潜力。借助 5G 等移动通信技术，智慧停车系统可以实时监测车位使用情况，为用户提供导航和预约服务。当用户到达停车场时，可以通过移动支付快速完成停车费用的支付，大大提高了停车的便捷性。

智慧停车系统还可以通过数据分析优化停车资源的配置，缓解城市停车难的问题。在移动支付便民工程方面，通过推广移动支付应用，农村和偏远地区的居民也能享受到便捷的金融服务。移动支付不仅降低了金融服务的门槛，还提高了资金的安全性和可追溯性。对于商家而言，移动支付减少了现金管理的成本和风险，提高了经营效率。

移动通信技术助力跨越数字鸿沟。例如，在老年人关爱方面，通过移动通信技术可以实时监测老年人的健康状况和生活状态，为他们提供更加个性化的照护服务。移动支付也简化了老年人的购物和缴费流程，让他们的生活更加便利。

三、应对"最后一公里"配送挑战的策略与实践

（一）降低成本策略

为了应对"最后一公里"配送挑战，降低成本是一个核心考量因素。在实践中，配送公司通过多种策略和方法来精细化运营，旨在减少不必要的开支，提高整体效益。

借助先进的大数据分析和智能算法，配送公司现在能够以前所未有的精度规划配送路线。这种优化不仅考虑了距离和时间因素，还融入了实时交通信息、天气状况和客户需求等变量。例如，在高峰时段避开拥堵路段，选择

交通更为流畅的路线,可以显著减少运输时间和油耗。这不仅提高了配送效率,还降低了车辆维护和燃油成本。为了进一步提高成本效益,混合配送策略也被广泛采用。在这种策略下,配送公司会根据产品特性、客户需求以及自身的运营能力,灵活地将部分配送任务外包给专业的第三方物流公司。这种做法允许公司专注于其核心业务,并利用外部资源来满足临时性或特殊性的配送需求。通过这种方式,公司可以避免在非核心业务上进行过多的资本投入,从而有效地控制成本。

共享经济平台的兴起为"最后一公里"配送带来了新的成本节约机会。利用共享单车、共享汽车等交通工具进行配送,不仅减少了自有车队的规模和运营成本,还提高了车辆的使用效率。这种模式的灵活性使得配送员能够根据实际需求快速调整配送方式,从而在保证服务质量的同时降低运营成本。为了进一步提高配送效率和降低成本,许多公司开始推广代收点和智能快件箱的使用。通过在社区、便利店等地点设立代收点,配送员可以将多个包裹集中投放到一个地点,从而减少上门配送的时间和成本。同时,智能快件箱提供了一种安全、便捷的自助取件方式,消费者可以在自己方便的时间段内取件,这不仅提高了消费者的满意度,还进一步降低了配送成本。

无人机配送技术也逐渐成为降低成本的新途径。无人机配送车辆和配送机器人能够在没有人工干预的情况下完成配送任务,这不仅提高了配送效率,还大幅度减少了人力成本。虽然前期研发和投资可能较大,但长远来看,无人机配送技术有望成为"最后一公里"配送领域的重要成本节约手段。

构建绿色物流体系。通过优化运输路线、提高车辆装载率、使用环保包装材料以及推广可再生能源的使用,配送公司可以减少能源消耗和环境污染。这不仅有助于提升公司形象和社会责任感,还可能因符合环保法规而享受税收优惠等政策支持,从而间接降低运营成本。

(二)提升效率策略

技术革新、包装标准化、需求预测、策略调整以及配送网络优化等方面是提高"最后一公里"配送效率的关键。积极发展物流信息技术是提高配送效率的关键。充分利用先进的 GPS 定位技术和大数据技术来优化配送方案。通过 GPS 定位技术,能够实时监控配送车辆的位置,确保它们能够准时到达取货点或送货点。大数据技术则能够帮助企业分析历史配送数据,预测未来的配送需求,并据此制订出更为精准的配送计划。此外,实时查询货物在途情况的功能也是至关重要的，它可以帮助企业及时调整配送计划，应对各种突发情况，确保配送的准时性和高效性。统一包装规格也是一个重要的环节，在物流配送过程中，不同重量和体积的物品需要不同的包装方式。为了实现更高效地装车和配载，提高车辆的满载率，企业可以为不同种类的物品制定标准化的包装。这样一来，不仅可以提高装车和配载的效率，还可以减少在运输过程中可能出现的摇晃、破损等问题，从而提高客户满意度。借助物流需求预测模型，企业可以更准确地预测未来的配送需求。这种模型能够综合考虑历史数据、市场趋势、节假日等多种因素，为企业提供更科学的预测结果。基于这些预测结果，可以有效地调配车辆和人员，确保在配送高峰期有足够的资源投入，在低谷期则能合理调配资源，避免浪费。这样不仅可以提高资源的利用效率，还能保证配送的及时性和稳定性。实行送取结合的策略也是一种值得尝试的方法。在这种策略下，配送员在送货的同时也可以进行收货操作。这样做的好处在于，它可以加快包裹进入下一个运输环节的速度，进而提高整体物流效率。同时，这也能够减轻配送站点的存货压力，降低库存成本。为了实现这一策略，企业需要对配送员进行相关的培训，确保他们能够快速、准确地完成送取操作。通过合理布局配送站点、自提点和自提柜，企业可以进一步完善配送网络。在选址过程中，企业需要充分考虑客户的地理分布、交通条件及需求量等因素。合理的配送网络布局不仅可以缩短配送时间，还能提高客户满意度。同时，自提点和自提柜的设置也能为客户提供更多的取货选择，提高他们的购物体验。

除了以上提到的措施外，还可以通过引入智能化设备来提高配送效率。例如，使用无人机或自动驾驶车辆进行配送，可以大大减少人力成本和时间成本。同时，这些智能化设备还能够提供更精准的定位和更快的配送速度，进一步提升客户体验。在实施这些措施的过程中，企业还需要注意以下几点：一是要确保各项技术的稳定性和可靠性，避免因技术故障而影响配送效率；二是要加强对配送员的培训和管理，提高他们的专业素质和服务水平；三是要与客户保持良好的沟通和合作，及时了解他们的需求和反馈，以便不断优化企业的服务。通过这些综合措施的实施，企业可以显著提升"最后一公里"的配送效率。这不仅能够提高客户的满意度和忠诚度，还能为企业带来更大的竞争优势和市场份额。同时，高效的物流配送体系也有助于降低运输成本和库存成本，提高企业的盈利能力。在未来，随着科技的不断进步和市场竞争的加剧，大家相信这些措施将发挥更大的作用。通过持续优化和创新企业的物流配送体系，企业将能够为客户提供更高效、更便捷、更优质的服务体验。这不仅能够满足客户的期望和需求，还能为企业的长远发展奠定坚实的基础。

（三）安全与质量保障策略

在"最后一公里"配送中，必须确保安全与质量，这关乎客户满意度、企业的声誉以及长期的市场竞争力。为此，必须精心制定并执行一系列的安全与质量保障策略。安全方面，要关注的是配送人员的安全。配送人员经常在各种复杂的交通环境中穿梭，因此，需要为他们提供必要的安全培训和装备。企业应该定期组织安全培训，教授配送人员如何识别和避免潜在的交通风险，如何在紧急情况下采取正确的应对措施。还应为配送人员配备反光背心、头盔等安全装备，确保他们在夜间或恶劣天气条件下的可视性和安全性。货物的安全同样不容忽视。为了防止货物在配送过程中受损或被盗，企业应采用结实的包装材料和专业的打包技术，确保货物能够安全到达目的地。对于高价值货物，还可以考虑使用防盗锁、GPS 追踪器等安全措施，进一步提高货物的安全性。

在质量保障方面，企业需要从源头抓起，严格把控供应商的质量关。只有确保所采购的商品质量优，才能为客户提供满意的购物体验。在配送前，应对货物进行全面的质量检查，及时发现并处理存在质量问题的商品。同时，建立完善的客户投诉处理机制，对于客户反馈的质量问题，迅速响应并妥善处理，以维护企业的良好形象和客户的忠诚度。为了提高配送的准确性和效率，企业还可以采用先进的物流管理系统。通过系统化管理，可以实时监控货物的配送状态，及时发现并纠正配送过程中的偏差。此外，利用大数据分析技术，可以优化配送路线和时间，减少配送过程中的时间浪费和成本消耗。

在人员管理方面，除上述提到的安全培训外，企业还应注重培养配送人员的专业素养和服务意识。通过定期的业务培训和服务培训，提高配送人员的专业技能和服务水平，使他们能够更好地满足客户的需求和期望。同时，建立完善的考核机制和激励机制，对表现优秀的配送人员给予相应的奖励和晋升机会，激发他们的工作积极性和创新精神。企业应与配送人员建立良好的沟通机制，及时了解他们在工作中遇到的问题和困难，并给予积极的支持和帮助。这样不仅可以增强配送人员的归属感和忠诚度，还能及时发现并解决潜在的安全和质量隐患。在配送工具的选择上，企业应注重安全性和质量。选择质量可靠、性能稳定的配送车辆和配送工具，可以降低故障发生的概率，提高配送的效率和安全性。同时，定期对配送工具进行维护和保养，确保其始终保持良好的工作状态。

企业应建立完善的客户反馈机制，及时收集并分析客户的反馈意见和建议也是至关重要的。通过了解客户的真实需求和期望，企业可以不断调整和优化配送策略，提高客户满意度和忠诚度。同时，对于客户反馈的安全和质量问题，企业应高度重视并迅速采取整改措施，以维护企业的良好形象和信誉。通过对加强人员培训、优化物流管理系统、建立良好的沟通机制和客户反馈机制等措施的综合应用，这样可以确保配送过程的安全性和质量水平，为客户提供更好的服务体验，并赢得市场竞争优势。

第8章　电子商务物流的跟踪与监控

电子商务物流跟踪与监控不仅能提升客户满意度，通过让客户实时掌握订单的配送状态和预计送达时间，增强客户对电商平台的信赖，还可以有效保障物流安全，及时发现并处理物流过程中的异常情况，减少包裹丢失或损坏的风险。此外，准确的物流跟踪信息还能助力企业更科学地管理库存，避免出现库存积压或缺货现象，进而降低库存成本。同时，对物流数据的实时监控和分析，使企业能够洞察物流运作中的"瓶颈"，有针对性地优化物流路径、配送时间和资源配置，从而提高整体运营效率。这些措施共同作用于风险管理，使企业能够灵活应对潜在的物流风险，确保物流计划的顺利执行，最大限度地减少不可预见因素对运营和客户满意度的影响。

电子商务物流的货物跟踪技术

电子商务物流的货物跟踪技术，是借助一系列先进的信息技术手段，对货物运输的全过程进行精细化的实时监控和追踪。采用 GPS、GIS、物联网传感器等技术，这些技术能够实时采集、传输和处理货物的位置、状态、温度等重要信息。这不仅显著提升了物流的透明度和可控性，使得货物的流向和状态一目了然，还帮助企业实时了解货物的最新动态，包括但不限于货物的当前位置、预计到达时间以及可能遇到的延误等。通过这样的技术手段，企业可以更加精准地进行物流规划和决策，及时应对可能出现的风险和问题，从而为客户提供更加高效、可靠的服务，优化了自身的物流管理和运营效率。

一、电子商务物流的货物跟踪技术的概述

物流货物跟踪技术是现代物流体系的核心组成部分，它通过电子数据交换、条形码与扫描、全球定位系统以及射频识别等多种信息技术手段，实现了对货物位置和状态的实时监控与追踪。这些先进的技术不仅确保了物流运作的高效性、准确性和及时性，还极大地提升了供应链的透明度和整体效率，为消费者带来更优质的购物体验，同时为电商企业构筑了强大的竞争优势。

（一）货物跟踪技术及在电子商务物流中的作用

货物跟踪技术利用现代信息技术，如全球定位系统、无线射频识别和物联网传感器等，对货物运输过程进行实时监控和追踪。通过这些技术，可以实时采集、传输和处理货物的位置、状态等信息，使得物流企业能够全面掌握货物的运输情况。具体来说，GPS技术是通过安装在车辆或集装箱上的设备，能够实时追踪货物的地理位置，为企业提供精确的货物定位信息。RFID技术则通过在货物上粘贴标签，利用射频信号自动识别并读取货物信息，实现货物的快速追踪和管理。而物联网传感器技术则能够监控货物的温度、湿度等环境条件，确保货物在运输过程中的安全与完整。它显著提高了物流效率。通过实时监控货物的位置和状态，企业可以及时发现并解决运输过程中的问题，如延误、丢失等，从而确保货物能够按时、安全地送达目的地。这种效率的提高不仅减少了运输时间和成本，还提高了客户满意度。

货物跟踪技术有助于提高客户服务质量。客户可以通过查询系统实时了解订单的具体位置和运输进程，获得准确的配送时间信息，从而大幅提升了购物体验。该技术还加强了物流过程的安全性。通过实时监控，可以迅速发现货物的异常情况，如被盗或损坏，并及时采取相应的处理措施，从而减少物流损耗和企业运营成本。货物跟踪技术为供应链管理提供了有力支持。通过实时数据共享，供应链的各个环节能够更加紧密地协作，实现资源的优化配置和高效利用。货物跟踪技术是电子商务物流领域的一项关键技术，它通过提供实时、准确的货物信息，帮助企业提高物流效率、降低成本、增强客户满意度和提高供应链管理水平。

（二）货物跟踪技术的发展历程和现状

货物跟踪技术的发展历程可以追溯至20世纪80年代，那时的货物跟踪技术刚刚起步，主要依赖传统的通信方式，如电话和传真，来实现货物信息

的传递。这种方式虽然原始，但在当时的技术条件下，已经是一种重要的进步，因为它为货主和物流公司提供了货物的大致位置和状态信息。

进入 20 世纪 90 年代，随着卫星定位系统（如 GPS）和电子数据交换技术的发展，货物跟踪技术得到了显著的提升。GPS 技术的引入使得货物的地理位置可以实时、精确地被追踪，而 EDI 技术则提高了信息交换的效率和准确性。这些技术的结合应用，使得物流公司能够更精确地掌握货物的运输情况，大大提高了配送效率和客户满意度。到了 21 世纪，尤其是近几年，随着物联网、大数据、云计算等新兴技术的飞速发展，货物跟踪技术迎来了新的突破。物联网技术通过连接各种设备和传感器，实现了货物信息的实时采集和传输；大数据技术则可以对这些海量数据进行深度分析和挖掘，为物流决策提供有力支持；云计算技术则为数据的存储和处理提供了强大的后端支持。这些技术的应用，使得货物跟踪更加智能化、高效化。

从现状来看，货物跟踪技术已经深入电子商务物流的各个环节。在仓储环节，通过 RFID 技术和物联网传感器，可以实时监控货物的存储状态和环境条件，确保货物的安全和质量。在运输环节，GPS 和北斗导航等定位技术已经广泛应用，可以实时追踪货物的地理位置和运输状态。同时，通过大数据分析，物流公司可以预测货物的运输需求和风险，从而做出更合理的运输安排。现在的货物跟踪技术还融合了（AI）和机器学习等技术，实现了更高级别的智能化。例如，通过 AI 算法对运输过程中的各种数据进行分析和学习，可以自动优化运输路线和计划，提高运输效率。同时，这些技术还可以对货物的运输风险进行预测和评估，为物流公司提供更全面的风险管理方案。货物跟踪技术已经经历了从初步的电话传真到现代高科技应用的跨越式发展。

二、电子商务物流中常用的货物跟踪技术

（一）GPS 定位技术、RFID 技术等在货物跟踪中的应用

GPS 技术跟踪利用 GPS 物流监控管理系统，它主要跟踪货运车辆与货物的运输情况，随时了解货物的位置与状态，保障整个物流过程的有效监控与快速运转。物流 GPS 监控管理系统的构成主要包括运输工具上的 GPS 定位设备、跟踪服务平台、信息通信机制和其他设备，也就是实时物流，让人们随时随地都能掌握物流发生的情况。通过 GPS 数据，物流公司可以分析并优化运输路线，以减少运输时间和成本。GPS 还能帮助避免交通拥堵和选择更高效的道路。如果货物被盗或发生其他安全问题，GPS 可以帮助迅速定位货物

的当前位置，从而及时采取措施来挽回损失。在全球化的背景下，GPS 技术可以跨越国界记录货物的位置，为国际货物运输提供无缝的追踪服务。

RFID 标签可以是唯一标识货物，并通过无线方式传输数据。物流公司可以使用 RFID 读写器快速准确地识别和追踪货物的位置和状态。在仓库中，RFID 技术可以大大提高库存管理的效率和准确性。通过 RFID 标签，可以实时掌握货物的进货、出货和存储情况，减少库存积压和缺货现象。RFID 技术有助于记录物品的位置和运输轨迹，从而在发生盗窃或欺诈行为时能够快速追踪货物的流向。RFID 技术可以提高供应链的透明度和效率，使各参与方能够实时了解货物的状态和位置，从而更好地协作。GPS 定位技术和 RFID 技术在货物跟踪中各自发挥着独特的作用。GPS 主要用于宏观的位置追踪和路线规划，而 RFID 则更侧重于货物的具体识别和精细化管理。两者结合使用，可以为物流公司提供更全面、更高效的货物跟踪解决方案。

（二）物联网技术助力货物跟踪的智能化和实时性

物联网技术通过无线传感器网络（WSN）、RFID 等技术手段，能够实时监控货物的位置、温度、湿度等信息。这些信息通过物联网平台进行汇总和分析，为物流企业提供实时的货物状态更新。例如，在货物运输过程中，通过 GPS 和 GIS 技术的结合，可以精确地追踪货物的地理位置，并预测到达时间，从而确保货物能够按时送达。

物联网技术还能够与云计算和大数据技术相结合，对货物运输过程中产生的海量数据进行深度分析和挖掘。通过这些分析，物流企业可以发现运输过程中的"瓶颈"和风险点，及时进行调整和优化。例如，利用大数据分析技术，可以预测货物的运输需求和风险，从而制订更为合理的运输计划和风险管理策略。

物联网技术还能够实现货物信息的共享和协同。通过物联网平台，货主、物流公司、承运商等各方可以实时共享货物信息，加强沟通和协作，提高供应链的透明度和效率。这种信息的共享和协同，不仅有助于减少信息不对称和沟通成本，还能够提高供应链的响应速度和灵活性。

物联网技术推动了智能化仓库管理的发展。通过物联网技术，仓库可以实现货物的自动化分拣、自动化堆垛等操作，提高了仓库管理的效率和准确性。同时，利用传感器技术对仓库环境进行监测和控制，确保货物在适宜的条件下存储和运输。

三、电子商务物流的技术集成与系统应用

（一）跟踪技术的集成方法和优势

企业通过将 RFID 读写器、GPS 定位装置等硬件与现有的软件系统（如 ERP 和 WMS）进行连接，实现了数据的实时传输和信息共享。这种软硬件的紧密集成，确保了货物信息的及时更新和准确性，使得企业能够迅速掌握货物的动态。同时，为了支持大规模的数据处理和分析，企业还积极采用云计算平台，将跟踪所得的数据上传至云端。

云计算不仅提供了弹性的数据存储和强大的计算能力，还能支持实时的数据分析和可视化报告，助力企业做出更明智的决策。为了确保不同设备和系统之间的顺畅交互，标准化接口的制定和执行变得至关重要。它降低了设备之间的通信障碍，提高了系统的可扩展性和灵活性，从而为企业节省了大量的集成成本和时间。此外，与数据分析平台的集成也是不可或缺的一环。通过将跟踪数据与先进的数据分析工具相结合，企业能够深入挖掘运输效率、货物损耗等关键指标，为战略规划和日常运营提供有力的数据支持。这一系列跟踪技术的集成不仅显著提高了企业的运营效率，还直接影响了成本结构。实时的货物监控使得运输计划和路线得以精准调整，从而减少了延误和货物丢失的风险。库存管理也因此变得更为精细，避免了过多的库存积压或缺货现象，有效降低了运营成本。

对于客户而言，这些集成的跟踪技术同样带来了显著的便利。客户现在可以通过在线查询系统实时了解订单的具体位置和配送进度，这种透明度的提升极大地增强了客户的购物体验和信任感。从更宏观的角度看，这些技术使得供应链的各个环节更加紧密和高效。供应链的透明度和可控性得到了显著提升，各参与方之间的协作和沟通变得更加顺畅，减少了信息不对称和额外的沟通成本。不可忽视的是，在货物运输过程中总会伴随着一定的风险。但集成的跟踪技术为企业构建了一道坚实的风险防线。无论是货物被盗、损坏，还是延误，企业都能通过实时的数据反馈及时发现并处理，最大限度地减少潜在损失，确保货物的安全送达。

通过精心设计和实施的跟踪技术集成方案，企业不仅能够实现物流管理的智能化和高效化，还能在激烈的市场竞争中脱颖而出，更好地满足客户的多元化需求。

（二）集成系统在电子商务物流中的应用

集成系统能够将电子商务中的各类信息，如订单详情、库存状况和运输进度，全部整合至一个统一平台之上，实现信息的即时共享与更新。这种整合方式不仅显著提升了信息的透明度，也确保了数据的准确性，大大降低了信息传递中的延误与误差，从而显著提高了物流运作的整体效率。除了信息整合，集成系统还在流程自动化与优化方面大放异彩。

传统的物流流程往往需要大量的人工介入，而现在，通过集成系统，诸如订单处理、货物分拣、打包以及配送等环节均可以实现高度的自动化与智能化。这不仅显著降低了人工操作的错误率，还极大地提高了工作效率。特别是在利用先进的机器人技术和自动化设备后，原本需要大量人力投入的搬运和分拣工作得到了极大的简化。

实时跟踪与监控功能也成了集成系统的一大亮点。通过这一功能，无论是企业还是客户，都可以随时了解货物的精确位置和当前状态。这种实时的信息反馈机制不仅极大地增强了客户的满意度，还为企业提供了一个及时发现问题并进行调整的窗口，从而确保了整个物流过程的顺畅无阻。更进一步地，集成系统还配备了强大的预测分析与库存管理功能。借助系统内的历史数据以及先进的预测分析工具，企业能够更为精准地预测未来的销售走势和物流需求，进而对库存管理进行更为精细化的调整。这不仅有助于降低不必要的库存积压，还能有效避免缺货现象的发生，从而在降低库存成本的同时，也提升了客户服务的响应速度。通过自动化的客户调查与评价收集功能，企业能够更为便捷地获取客户的真实反馈与需求，从而为物流服务质量的持续提升提供有力的数据支撑。

在风险管理与安全保障方面，集成系统同样展现出了其强大的实力。通过实时的数据监控与分析，系统能够及时发现并预警潜在的风险点，以便企业及时采取措施进行防范与处理。同时，系统还通过先进的加密技术确保了客户数据在传输过程中的安全性，为客户提供了全方位的安全保障。集成系统在促进供应链协同与信息交互方面也发挥了不可忽视的作用。通过系统的无缝对接与高效交互功能，供应链上的各个环节得以更为紧密地协作与沟通，从而大幅提高了供应链的响应速度与灵活性，也显著降低了沟通成本与运营风险。

电子商务物流的监控系统与应用

电子商务物流监控系统宛如物流运营的"智慧之眼"与"神经中枢"，不仅实时监控整个物流过程的每一个细微环节，更能进行精准的管理与调控。这些系统利用尖端的信息技术，如同赋予了企业一双透视眼，使其能够洞察货物从起点到终点的每一个动态。无论是货物的实时位置、运输途中的环境条件，还是潜在的延误风险，都在监控系统的掌握之中。通过为企业提供这些关键数据支持，物流监控系统不仅助力企业在第一时间做出高效决策，更在无形中为其构筑了一道坚实的风险防线。在这个信息为王的时代，拥有这样一套物流监控系统，无疑是企业在激烈市场竞争中立于不败之地的关键。

一、电子商务物流的监控系统基础

（一）监控系统的基本原理和功能构成

监控系统的基本原理可以概括为通过技术手段对特定区域进行实时监测、采集、分析和处理相关数据，以达到安全防护、管理和控制的目的。在这一过程中，各种传感器、摄像机和网络设备等技术手段均发挥作用。传感器用于实时监测环境中的各种参数，如温度、湿度、光照强度等，而摄像机则负责捕捉图像信息，为后续的数据分析提供可视化支持。这些数据通过有线或无线方式传输到监控系统的主机或中央服务器，以便进行进一步的处理和分析。

在数据分析和处理方面，监控系统通过计算、识别等算法对环境监测、设备状态及行为等进行识别，以判断是否存在异常情况。例如，在安防领域，监控系统可以通过分析摄像机捕捉到的图像信息，识别出异常行为或入侵者，从而触发报警系统。同时，这些数据还可以用于优化管理流程、提高效率等。当监控系统检测到异常情况时，它会通过声音、灯光、手机推送等方式及时发出警报，以提醒用户或相关人员采取相应措施。此外，监控系统还可以将采集到的数据和视频进行实时录像，并保存到服务器或本地存储设备中，以供后续的查看和分析。这些录像可以按照时间、地点、事件等进行分类和检索，为用户提供便捷的查询服务。除基本原理外，监控系统的功能构成也是其重要组成部分。一个完整的监控系统通常由前端音视频采集设备、音视频传输设备、后端存储设备、控制设备及显示设备这五大部分组成。其中，前端音视频采集设备负责捕捉监控区域的图像和声音信息；音视频传输设备则负责将这些信息传输到后端设备；后端存储设备用于保存采集到的音视频数据；控制设备则负责对监控系统进行远程控制和管理；而显示设备则用于实时显示、监控画面。监控系统还可以通过网络进行远程访问和管理。用户可以通过互联网浏览器或手机应用程序等方式，实时查看监控画面、操作设备以及接收报警信息等。这种远程访问和管理功能为用户提供了极大的便利性和灵活性。

（二）监控系统在电子商务物流中的必要性

监控系统能够显著提高电子商务物流的安全性。通过安装摄像头、传感器等设备，对货车、仓库和配送中心等关键环节进行实时监测，有效预防和及时发现安全隐患。例如，货车行驶过程中的超速、疲劳驾驶等危险行为可以及时被监控并被提醒，从而降低交通事故的风险。同时，仓库和配送中心的监控也可以防止货物被盗或损坏，确保货物安全完整地送达客户手中。

监控系统对于优化电子商务物流的运输路线和时间的作用异常明显。通过实时监测交通状况和道路拥堵情况，物流公司可以及时调整运输路线，避开拥堵路段，从而减少运输时间和成本。此外，监控系统还可以记录运输车辆的行驶轨迹和时间，为物流公司提供数据支持，帮助他们更准确地估算运输时间，提高运输效率。监控系统有助于提高电子商务物流的服务质量。通过实时跟踪货物的位置和状态，物流公司可以及时向客户提供准确的货物信息，增强客户的购物体验。同时，监控系统还可以监测货物的温湿度等环境条件，确保货物在运输过程中保持最佳状态，从而提高客户满意度。

监控系统在电子商务物流中还具有降低运营成本、提高管理效率等多重优势。通过减少货物丢失、损坏等风险，降低保险公司的赔付率，从而为企业节省成本。同时，监控系统的自动化管理功能可以减少人工操作的时间和成本，提高工作效率。这些优势都有助于电子商务物流企业在激烈的市场竞争中脱颖而出。

二、电子商务物流的监控系统的关键技术

（一）数据采集、数据分析与处理、预警与报警等关键技术的应用

监控系统的关键技术涵盖了数据采集、数据分析与处理、预警与报警等多个环节。在数据采集方面，监控系统需要利用各种传感器、摄像机和其他数据采集设备，实时捕捉和收集被监控对象的状态信息。例如，在物流领域，这可能涉及货物的位置、温度、湿度等数据。这些数据是监控系统进行分析和决策的基础，因此数据采集的准确性、及时性和完整性至关重要。

为了确保数据采集的质量，监控系统可能会采用分布式存储系统，以提高数据的可靠性和可扩展性。数据分析与处理是监控系统的核心环节。在这一阶段，系统需要对收集到的大量数据进行处理和分析，以提取有用的信息和洞察。这通常涉及数据清洗、数据过滤、数据标准化等预处理步骤，以确保数据的质量和准确性。随后，利用机器学习、统计学等方法对数据进行深入分析，以识别模式、预测趋势并发现异常情况。例如，在物流监控中，系统可能通过分析历史数据来预测货物的运输时间，或者通过实时监测数据来识别潜在的运输问题。预警与报警技术是监控系统的重要组成部分。一旦系统检测到异常情况或潜在风险，如货物温度过高或运输延迟，它能够迅速发出预警或报警信号。这些信号可以通过声音、光线、电子邮件、短信等多种方式传递给相关人员，以便他们及时采取行动。预警和报警的准确性和及时性可以有效防止问题扩大、减少损失并维护系统正常运行。

监控系统还涉及数据存储与检索、远程访问与控制、系统集成与兼容性等其他技术方面。例如，数据存储与检索技术可以确保历史数据和实时监控数据的可访问性和安全性；远程访问与控制技术则允许用户通过互联网或其他网络远程查看和控制监控系统；系统集成与兼容性技术则确保监控系统能够与其他企业信息系统无缝对接，实现数据的共享和交换。

（二）如何实现监控系统的智能化和自动化

实现监控系统的智能化和自动化需要从多个方面入手，这些方面包括但不限于数据采集、数据传输、数据分析、预警与报警、系统集成等。数据采集是实现智能化和自动化的基础。通过部署各种智能传感器和设备，如摄像头、温度传感器、烟雾探测器等，可以实时捕捉和收集被监控区域的各种信息。

这些传感器和设备需要具有高度的灵敏度和准确性，以确保采集到的数据质量。利用 RFID、智能闸机等设备，还可以对小区、仓库或特定区域内的车辆和人员进行自动识别和管理，从而提高出入管理的安全性和效率。数据传输也是关键的一环。通过物联网技术，可以将传感器和设备采集到的数据实时传输到监控中心。为了确保数据的稳定性和安全性，需要采用适当的通信协议和网络技术。例如，可以使用消息队列遥测传输 MQTT 等轻量级的消息队列协议进行数据传输，该协议具有低功耗、低带宽占用的优点，并且支持发布／订阅模式，便于数据的实时更新和共享。

在数据分析方面，可以利用大数据分析和人工智能技术对数据进行深度挖掘和分析。通过对监控数据的处理和分析，可以发现潜在的安全隐患和异常行为。例如，在小区监控系统中，可以通过分析摄像头捕捉到的图像信息，识别出异常行为或可疑人员。同时，可以建立智能预警系统，对异常事件进行实时预警和报警，及时通知相关人员处理。预警与报警功能的实现也是智能化和自动化的重要体现。根据设定的规则或阈值，监控系统可以实时监测设备状态或环境参数，并在出现异常或故障时触发报警通知。报警信息可以通过多种方式传递，如声音、光线、短信或电子邮件等，以确保相关人员能够迅速响应并采取措施。为了实现更高效的管理和操作，可以将监控系统与其他智能系统进行联动和协同。例如，在小区监控系统中，可以将监控系统与门禁系统、消防系统等进行集成，实现信息的共享和协同工作。在发生紧急事件时，能够迅速启动应急预案，协调各方资源进行有效应对。

优化用户体验与管理效率也是实现智能化和自动化的另一方面。通过手机 App 等方式，可以为用户提供便捷的监控服务，如查看实时画面、接收报警信息等。同时，利用物联网技术还可以实现对监控设备的远程管理和维护，降低人工巡检成本并提高管理效率。

电子商务物流运输过程中的问题解决

在电子商务物流运输过程中，由于众多不可控因素，如天气变化、交通拥堵、人为错误等，难免会遇到各种问题。这些问题包括但不限于运输延误、货物在途中的损坏，以及订单信息的不同步等。这些问题不仅会导致物流效率的下降，使得货物无法按时到达客户手中，而且可能对商品的完整性和质量造成影响，进一步引发退货或投诉，从而对客户满意度造成负面影响。特别是在竞争激烈的电子商务市场中，客户的满意度和忠诚度是企业生存和发展的关键。因此，如何及时识别、预防并有效地解决这些问题，提升物流服务的稳定性和可靠性，已经成为电子商务物流领域亟待解决的重要课题。通过持续优化物流流程、引入先进技术和管理方法，企业可以更好地应对这些挑战，为客户提供更加优质、高效的物流服务。

一、电子商务物流运输过程中常见问题类型及原因分析

（一）运输过程中常见的问题及其对电子商务物流的影响

在电子商务物流领域，运输过程中会遇到各种各样的问题，这些问题不仅会影响物流效率，还可能对客户满意度和企业的整体运营造成不良影响。让我们从最常见的道路突发状况说起。修路、交通拥堵、恶劣天气（如大雾）导致的封路等，这些都是物流运输中常见的难题。当运输车辆遇到修路情况时，可能需要绕行更远的路程，这无疑会增加运输时间和成本。特别是在城市交通繁忙的时段，堵车现象更是家常便饭。此外，大雾等恶劣天气可能导致高速公路封闭，导致不得不临时改变原本计划好的运输路线。这些突发状况不仅会影响货物的及时送达，还可能增加运输过程中的不确定性和风险。

除了道路突发状况外，车辆故障或交通事故也是运输过程中不可忽视的问题。货车在长时间的行驶过程中，可能会因为轮胎磨损、引擎过热或其他机械故障而突然停车。此外，交通事故（如追尾、剐蹭等）也可能导致运输中断。这些意外情况不仅会造成时间上的延误，还可能对货物造成损坏，甚至可能引发更严重的安全问题。对于海运物流来说，仓位问题、船运公司的选择以及航班的周期性等因素也会对运输产生影响。在旺季或高峰期，仓位可能变得紧张，导致货物无法及时装船。而选择合适的船运公司也至关重要，因为不同公司的服务质量和效率可能存在差异。航班的周期性也会影响到货物的运输时间。如果航班不是定期开行，那么货物的到达时间可能会变得不确定。更为复杂的是，海运物流还可能受到不可预测的事件影响，如工人罢工、游行示威或政策变化等，这些因素都可能导致货物无法按计划到达目的港，进而影响到后续的清关和配送流程。

在物流配送环节，货物丢失或损坏是一个令人头痛的问题。由于操作不当、运输过程中的颠簸、挤压或是遭遇天灾人祸等，货物有可能在运输途中受损。这种损失不仅会给电子商务企业带来经济损失，还可能引发客户的投诉和退货请求。更为严重的是，如果货物丢失或损坏的情况频繁发生，将会严重损害企业的声誉和客户信任度。除商品丢失或损坏外，配送延迟也是一个令人关注的问题。在现代社会，消费者对购物体验的期望值越来越高。他们希望能够在最短的时间内收到购买的商品。但是由于交通拥堵、天气恶劣、人力不足或配送系统的不完善等，配送人员可能无法按时将货物送达客户手中。这种延迟不仅会降低客户满意度和忠诚度，还可能影响电子商务企业的销售业绩和市场竞争力。

为了解决上述问题并提高电子商务物流的整体效率和服务质量，企业需要采取一系列针对性的措施。通过引入先进的物流管理软件和技术手段，企业可以实时监控货物的运输状态、位置和预计到达时间等信息。这有助于企业及时发现问题并采取相应的补救措施以确保货物的安全和及时送达。与可靠的物流服务商建立长期合作关系也是提升物流效率的关键。优秀的物流服务商通常具备丰富的行业经验和专业的运输团队，能够提供更高效、更安全的运输服务。通过与他们合作，电子商务企业可以降低运输风险并提升客户满意度。电子商务企业还可以通过优化仓储和配送网络来提高物流效率。通过合理布局仓储设施和配送中心，企业可以缩短货物的运输距离和时间并提高配送的准确性。引入自动化和智能化的仓储管理系统也可以帮助企业实现库存的精准控制和高效管理。

在人员管理方面，定期对配送人员进行培训和教育也是提高物流配送质量的有效途径。通过提高配送人员的专业素质和服务意识，企业可以确保他们在面对各种突发情况时能够迅速做出正确的判断和应对措施。

（二）运输过程中常见问题的解决策略

在电子商务物流的运输过程中，常见问题主要包括道路突发状况、车辆故障、海运物流中的不确定性、商品丢失或损坏以及配送延迟等。为了应对道路突发状况和车辆故障，物流企业可以建立完善的车辆维护和检修制度，确保运输车辆在出发前都经过严格的检查，降低故障发生的概率。通过 GPS 和实时监控系统，企业可以随时掌握车辆的运行状态和位置，一旦遇到突发状况，如修路、交通拥堵等，应及时调整运输路线，避免不必要的延误。

在海运物流方面，企业应提前规划和预订仓位，以确保在旺季或高峰期货物能够及时装船。此外，与可靠的船运公司建立长期合作关系也是关键，这样可以减少由航班的不确定性带来的影响。同时，密切关注国际贸易政策和海关规定的变化，以避免因政策调整导致的运输延误。为了减少商品丢失或损坏的情况，企业应加强包装保护措施，使用更加坚固和防震的包装材料，以确保货物在运输过程中的安全。此外，引入货物运输保险机制也是必要的，这样可以在货物丢失或损坏时得到相应的赔偿，降低企业的经济损失。针对配送延迟的问题，企业可以通过优化配送路线和时间表来提高配送效率。利用先进的物流管理系统，可以实时跟踪货物的配送进度，及时调整配送计划。增加配送人员和资源，特别是在高峰期或订单量激增时，以确保货物能够在承诺的时间内送达客户手中。

企业还应建立完善的物流管理系统，通过引入先进的物流管理软件和技术手段，实时监控货物的整个运输过程。这不仅可以提高企业的管理效率，还可以及时发现问题并解决。同时，与可靠的物流服务商建立长期合作关系也是提高物流效率和服务质量的关键。这些服务商通常具备丰富的行业经验和专业的运输团队，能够为企业提供更加高效、安全的运输服务。

二、电子商务物流法律法规与合规性在问题解决中的应用

（一）电子商务物流的法律法规及合规性要求

电子商务物流的法律法规及合规性要求，不仅是单一的法律条款遵守，更是一个涵盖了多个方面法律法规要求的综合体系。《中华人民共和国电子商务法》为电子商务活动提供了全面的法律指导，它要求电子商务经营者须依法进行市场主体登记，并明确规定了他们在经营活动中的权利与义务。

对于电子商务物流服务提供者而言，这意味着在提供服务的过程中，必须确保自身以及合作伙伴都严格遵守这部法律，不得有任何违法违规行为。紧接着，物流活动中涉及的商品配送、退货等问题，也受到《网络购买商品七日无理由退货暂行办法》等法规的严格规范。这一法规赋予了消费者七日无理由退换货的权利，这无疑对电子商务物流服务提出了更高的要求。在商品配送过程中，物流服务提供者必须确保商品的完整性和质量，以便消费者能够在收到商品后的七日内无理由退换货。这不仅要求物流服务提供者具备高效的配送能力，更要求他们在商品包装、搬运等环节中做到细心、周到，

确保商品在运输过程中不受损害。

税务合规性也是电子商务物流服务提供者必须重视的问题。根据相关税法规定，电子商务经营者需依法进行税务登记，并按时进行纳税申报。对于物流服务提供者而言，他们不仅需要确保自身的税务合规，还需要协助电子商务经营者完成相关的税务申报工作。这就要求物流服务提供者具备丰富的税务知识和实践经验，以确保在税务方面不出现任何纰漏。此外，信息安全与隐私保护也是电子商务物流服务提供者必须关注的重要方面。在物流服务过程中，消费者的个人信息和交易数据都至关重要。为了保障这些信息的安全性和隐私性，物流服务提供者需要采取一系列有效的技术和管理措施。例如，建立完善的信息安全管理制度，加强培训员工的信息安全意识，以及采用先进的加密技术对消费者信息进行保护等。这些措施的实施，不仅能够确保消费者信息的安全性和隐私性，还能够提升消费者对电子商务物流服务的信任度。环保及绿色物流的要求也日益凸显其重要性。随着全球环保意识的增强，电子商务物流服务提供者需要积极响应绿色物流的号召，采用环保包装材料，优化运输路线以减少碳排放，以及推广可循环利用的物流设施等。这些举措不仅有助于保护环境、节约资源，还能够提高企业的社会责任感和品牌形象。

为了达到上述法律法规及合规性要求，电子商务物流服务提供者需要建立一套完善的管理制度和操作规范。这套制度应涵盖从商品接单、包装、配送到售后服务的全部流程，确保每一个环节都严格遵守相关法律法规。同时，企业还需要定期对员工进行法律法规培训，提升他们的法律意识和合规操作能力。通过这些措施的实施，电子商务物流服务提供者不仅能够保障自身的合规运营，还能够为消费者提供更加优质、安全、高效的物流服务。值得注意的是，由于法律法规可能会有更新和变动，电子商务物流服务提供者应当时刻关注相关法律法规的动态。他们可以通过与专业的法律顾问合作、定期参加行业研讨会等方式，及时了解最新的法律法规要求，确保企业的运营始终保持在合规的轨道上。只有这样，电子商务物流服务提供者才能在激烈的市场竞争中立于不败之地，实现可持续的发展。

（二）如何依法依规解决问题，降低法律风险

在电子商务物流领域，依法依规解决问题并降低法律风险是确保企业稳健运营的关键。为了实现这一目标，企业需要采取一系列措施来确保自身行为的合法性，并妥善应对可能出现的法律纠纷。企业必须建立完善的法律风

险防范机制。这包括设立专门的法务团队或聘请法律顾问，以便在日常运营中及时识别和评估潜在的法律风险。法务团队应定期审查企业的合同条款、业务模式和操作流程，确保其符合相关法律法规的要求。同时，他们还应为企业提供法律咨询，帮助企业在遇到法律问题时做出正确的决策。企业应注重合同的规范性和合法性。在与供应商、客户和其他合作伙伴签订合同时，务必明确双方的权利和义务，并确保合同条款的合法性和有效性。合同中应详细列明服务范围、价格、付款方式、违约责任等关键信息，以避免因合同条款不明确而产生的纠纷。此外，企业在签订合同前，还应对合作伙伴的资信进行调查，以降低合同履行的风险。企业需要严格遵守国家关于电子商务和物流的相关法律法规。这包括但不限于《中华人民共和国电子商务法》《中华人民共和国民法典》《中华人民共和国消费者权益保护法》等。企业应定期组织员工学习这些法律法规，确保员工了解并遵守相关规定。在运营过程中，企业还应关注税务、环保等方面的法律法规要求，确保在追求经济效益的同时，也履行社会责任。

当遇到法律纠纷时，企业应积极应对，依法解决。要保持冷静，仔细分析纠纷产生的原因和性质。积极与对方进行协商，寻求和解的可能性。如果协商无果，可以考虑通过法律途径解决纠纷，如申请仲裁或提起诉讼。在整个过程中，企业应妥善保存相关证据，以便在必要时提供证明。为了降低法律风险，企业还应加强内部管理，建立完善的规章制度和操作流程。企业应定期对员工进行法律知识培训，增强员工的法律意识和合规意识。同时，企业还应建立激励机制，鼓励员工积极参与法律风险防范工作，及时发现和指出潜在的法律问题。企业还可以考虑购买商业保险来降低法律风险。例如，可以购买货物运输保险、责任保险等，以减轻因意外事故或法律纠纷而给企业带来的经济损失。依法依规解决问题并降低法律风险是电子商务物流企业稳健运营的重要保障。通过建立完善的法律风险防范机制、注重合同的规范性和合法性、严格遵守相关法律法规、积极应对法律纠纷以及加强内部管理等措施，企业可以有效地降低法律风险，实现可持续发展。同时，企业还应不断关注法律法规的动态变化，及时调整自身的运营策略和管理模式，以适应不断变化的市场环境和法律环境。

第 9 章　电子商务物流的未来发展

　　当前电子商务物流技术对行业发展的重要性不言而喻。随着电子商务的蓬勃兴起，物流成为了连接卖家与买家的关键桥梁。物流技术的发展不仅提高了物流配送的效率，还大幅降低了物流成本，为电商企业赢得了更大的利润空间。更重要的是，高效的物流服务极大提升了客户体验，使得消费者能够更快、更安全地收到商品，从而增强了客户对电商平台的信任度和满意度。未来，电子商务物流技术的持续发展将对物流行业产生深远影响。技术的不断创新将推动物流行业的智能化、自动化进程，进一步提高物流效率和质量。而随着技术的演进，全球电商物流网络将更加紧密地连接在一起，促进国际贸易的流通与合作。此外，新技术，（如物联网、人工智能）的应用将重塑电商物流行业的竞争格局，使得那些能够快速适应并掌握新技术的企业脱颖而出，引领行业的发展潮流。总的来说，电子商务物流技术的发展是电商行业持续繁荣的重要基石，其未来影响力将渗透到行业的每一个角落，引领电商物流走向更加高效、智能化的新时代。

电子商务物流的技术趋势与创新

　　科技日新月异，电子商务物流领域正在经历一场前所未有的深刻变革。在这场变革中，新技术（如人工智能、物联网、大数据等前沿科技）的应用，不仅显著提高了物流运作的效率和精确度，还为整个行业带来了更为广阔的发展空间和创新机会。具体来说，人工智能的引入使得物流过程中的自动化和智能化水平大幅提高，减少了人为错误，提高了作业效率；物联网技术则通过实时监控货物的状态和位置，极大增强了物流的透明度和可预测性；而大数据技术则能够帮助企业深入挖掘和分析物流数据，从而更加精准地进行需求预测、路线规划和库存管理。这些新技术的应用，不仅优化了物流流程，降低了运营成本，还为电子商务物流行业带来了更多的商业模式和服务创新。

一、电子商务物流与物联网技术的融合应用

（一）物联网可提升物流追踪与监控的智能水平

物联网技术为物流追踪与监控带来了革命性的变革，在传统的物流运作中，货物的追踪与监控往往依赖于人工记录和检查，这种方式不仅效率低，而且容易出现错误和遗漏。然而，物联网技术的引入彻底改变了这一现状。物联网技术的核心是将物理世界与数字世界紧密相连，通过无线连接和互联网交互，使得各种设备和系统能够智能地协同工作。

在物流领域，物联网技术的运用主要体现在对货物运输过程的全面追踪与实时监控上。通过在货物或运输工具上安装传感器、RFID 标签等设备，物流公司可以实时获取货物的位置、状态以及环境条件等信息。这些信息对于确保货物安全、提高运输效率至关重要。例如，温度传感器可以监测货物在运输过程中的温度变化，确保冷藏或恒温货物的质量不受损害。湿度传感器则可以检测货物所处环境的湿度，防止货物受潮或发霉。而 RFID 标签则可以记录货物的身份信息和运输路径，方便随时追踪货物的位置和状态。除货物本身的信息收集外，物联网技术还可以与运输工具进行连接，实时监控车辆的行驶状态和位置。这使得物流公司能够准确掌握货物的运输进度，及时调整运输计划，提高运输效率。同时，当运输过程中出现异常情况时，例如车辆故障、交通拥堵等，物联网系统能够迅速发出警报，通知相关人员及时处理，减少潜在的损失和风险。

物联网技术的引入为物流追踪与监控带来了前所未有的智能化水平提升。通过实时收集和分析货物及运输工具的各种信息，物流公司能够更加精确地掌控整个运输过程，确保货物的安全性和完整性，提高运输效率，降低成本。这无疑为物流行业的发展注入了新的活力和动力。

（二）物联网在仓库管理系统中的应用及前景

在出入库管理方面，条形码、二维码作为当前应用最为广泛的仓库智能

管理技术，彻底改变了传统的人工抄录物流信息进行物品出入库管理的工作模式，大大简化了物品出入库管理的流程，提高了仓库管理的准确性。但是由于条形码、二维码能存储的信息容量较小，功能较单一，对于像保鲜食品等具有时效要求的物品进行管理时，只能通过增加电子标签的方式进行区分，在出入库管理时，需要花费管理人员大量的精力逐一进行时效标签的阅读区分。而采用 RFID 技术，可以在其电子标签中储存更多的信息，并且只要传达到阅读器信号范围内即可实现电子标签的自动读取，从而实现批量的电子标签读取，另外，电子标签中的内容可以动态更换，方便管理人员后期维护，避免了条形码、二维码需逐件扫码读取信息及只能通过更换标签的方式更改标签信息的弊端，大大提高了出入库管理的时效性，简化了出入库管理流程。

　　智能搬运车是物联网技术在仓库智能管理中的一大成功应用。通过将 RFID 技术和智能伺服技术相结合，实现了智能搬运车自动识别和搬运物品的功能，比如"京东小黄人"就是这类技术应用的成功案例。由智能搬运车组成的一个个智慧终端，通过物联网技术形成智能控制网络，使仓库内的各项搬运工作可以有条不紊地开展，最终实现物品的自动分类，大大提高了仓库智能管理中的搬运效率。在一般的仓库管理工作中，要完成物品的定位，需要先完成物品的扫码读取工作，再由管理人员确认物品存放位置是否正确，并将存储信息记录到仓库管理系统内。当需要进行入库物品定位时，再从仓库管理系统调出存储信息进行定位，流程过于复杂，人工操作的项目环节较多，难免产生人为失误。而采用物联网技术，可以快速完成物品信息的读取与记录工作，简化了入库流程，减少了人为失误，并在系统内物品信息核查无误后方才允许物品入库，大大提高了物品入库的准确性，事后只需明确的货位信息即可完成物品的定位工作。

　　物品的库存量盘点是仓库管理中较为复杂的一项工作，在传统的仓库管理过程中，会耗费管理人员大量的精力与时间且非常容易产生失误。而将物联网技术应用到该项工作中，可以大大提高库存量盘点的准确性和工作效率，管理人员只需使用读写器对库存进行扫描，扫描信息会在仓库管理系统的后台直接被分类并与系统出入库数据进行对比，然后自动生成盘点报告。为有效利用仓库空间，库存物品有时需要进行库存转移，但库存转移之后会引起物品定位信息、数量信息的变化及货位的物品信息变化，需要及时地录入仓库管理系统中，否则极易引起数据错误和不必要的纠纷，因此库存转移会增大仓库管理的难度。在传统的仓库管理工作中，管理人员都尽量避免库存转移。

而物联网技术的应用，完美地解决了这一难题。

通过 RFID 技术和智能伺服技术等物联网技术，可以实现物品的实时定位，并通过智能搬运车保证库存转移工作的准确进行，避免人为搬运过程中出现失误，最大限度地确保了物品储存位置与定位信息的一致性，提高了库存管理工作的准确性，使仓库空间能得到充分的利用，降低了仓储成本。

安全管理是仓库智能管理工作中的一项内容。通过将红外感应器等物联网技术的信息采集装置安装在仓库内，可以实现对仓库内的温度、湿度等储存条件的实时监控，然后通过远程广域通信技术完成对仓库内的储存条件的远程调控，大大提高了仓库管理的安全性。即使出现火灾等险情，也可以根据物联网技术的精准定位功能，了解火灾现场的危险品和消防水源等的分布，方便消防部门合理地布置水枪阵地、规划救援路线等。并且，使用物联网技术的信息采集装置可以将火灾现场的救援情况实时传输给消防指挥中心，方便消防指挥中心根据实际情况修改救援方案，最大限度地减少人员和经济损失。

当前，物联网技术在仓库智能管理中的应用越来越广泛，并逐渐产生成效，其智能化、自动化的管理优势已被大众所认可，具有良好的发展前景。但是，在实际的应用过程中，物联网技术仍存在一些局限性，技术仍有升级的空间，如账目自动生成。物联网技术的应用，使仓库管理系统已经具备一定的账目自动生成功能。但是，由于 RFID 技术在读取电子标签信息时会存在极小的读取错误的概率，导致系统自动生成的账目会存在错误的可能性。而一旦出现此类错误，将会引起物品定位、库存等信息错误。因此，未来应该提高 RFID 技术，提高其识别信息的可靠性，从而增强仓库管理系统的账目自动生成功能的准确性。目前，物联网技术主要还是以提高仓库物品定位精确度、出入库管理效率、库存管理效率等单个功能为主，缺乏宏观调控的功能。后续的研发中，应加强根据仓储物品的尺寸、种类、存储要求等信息自动生成仓储方案的能力，将目前的点控改为面控，将物联网技术自动化程度进一步提高。物联网技术能有效提高仓库智能管理的效率，降低人为失误，具有良好的发展前景。

二、电子商务物流中人工智能与机器学习的推进

（一）AI 与 ML 助力需求预测与库存管理的精准化

人工智能（AI）与机器学习（ML）技术在需求预测与库存管理中的应用，正引领着电子商务物流领域的革命性变革。相较于传统方法，这些先进技术为市场需求的精准预测和库存管理的智能化提供了强大的支持。在传统模式下，需求预测主要依赖历史销售数据和人工经验。然而，在快速变化的市场环境下，这种方法往往难以及时捕捉市场动态，导致预测结果存在较大的误差。而 AI 与 ML 技术的引入，彻底改变了这一局面。它们能够综合分析海量的历史销售数据、市场趋势、消费者行为等多维度数据信息，通过自动学习和模式识别，精准地找出影响需求的关键因素。这使得需求预测变得更加准确和动态，为企业提供了更为可靠的决策依据。例如，某知名电商平台就成功运用了 AI 与 ML 技术进行需求预测。它们通过收集和分析用户浏览记录、购买历史以及搜索关键词等数据，成功预测了某款热门产品的销量走势。基于这些预测结果，它们提前进行了备货和物流规划，确保了产品的充足供应和及时送达。这不仅提升了客户满意度，还为企业带来了可观的收益。

在库存管理方面，AI 与 ML 技术同样展现出了卓越的性能。通过对库存数据的深度挖掘和分析，这些技术能够帮助企业确定最优的库存水平，避免库存积压或缺货现象的发生。更重要的是，AI 还可以根据需求预测结果智能地调整库存策略，确保库存量与市场需求保持同步。这不仅提高了库存周转率，降低了库存成本，还为企业的稳健运营提供了有力保障。以另一家电商平台为例，他们引入了 AI 与 ML 技术对库存进行优化管理。通过实时监测库存量和销售数据，系统能够自动计算并调整补货计划，确保库存始终保持在合理水平。这不仅减少了库存积压的风险，还提高了产品的流通效率。同时，系统还能够根据销售预测结果智能调整库存布局，使得热门产品更加靠近消费者，缩短了配送时间，提升了客户体验。

AI 与 ML 技术的运用使得需求预测与库存管理更加精准化、智能化。这些实用案例充分展示了这些技术在电子商务物流领域的广阔应用前景和巨大潜力。随着技术的不断进步和应用场景的拓展，AI 与 ML 将在未来继续推动电子商务物流行业的持续发展和优化。

（二）人工智能在物流中的应用价值

实现无人配送。无人配送车主要用于快运或即时物流配送，使用低速驾驶无人配送车，其本质与自动驾驶系统基本无异，都是由环境感知、车辆定位、路径规划决策、车辆控制、车辆执行等模块组成。无人配送车通过激光雷达、超声波雷达、摄像头与惯性传感器等多传感器数据融合进行数据的接收与处理，再通过机器学习和深度学习对动、静态信息，（如道路、标识、行人、车辆与环境等）进行识别与理解，并通过差分定位与高精地图做出路线规划与行为决策。通过这些云端服务为无人车提供数据、高精地图、算法更新和后台监控，最后通过无人车的控制系统与执行系统进行导航、避让、加速、转弯、制动等操作。

无人配送机目前的应用场景还非常有限。无人配送机对环境、气候等客观条件更加敏感，路线规划与算法更加复杂，同时需要更多种类的传感器，为了安全考虑还要避开人群与建筑。受政策限制，无人配送机目前多用于偏远或封闭地区的配送与紧急配送。阿里的"小蛮驴"机器人融入了最前沿的智能技术和自动驾驶技术，能在各种恶劣的环境下进行配送，并且反应速度是人脑的 7 倍，在配送途中排除了人类的情感和不确定因素，减少了由于人工配送可能与用户产生的矛盾，也不会在配送途中产生疲劳或突发危险，增加了配送的灵活性，提高工作效率的同时降低了成本和人力资源。顺丰在物博会上展示的方舟无人机已首次尝试在城市进行中短距离末端配送，成为投入使用的主要机型之一。

优化配送流程。物流中的"大数据＋算法"将运送的途径计算到最为合理，为无人车提供数据、高精地图、算法更新和后台监控，使货品更加安全快捷地到达用户的手上。"大数据＋算法"可以对骑手的轨迹、实时环境与配送业务等数据进行收集，结合数据中心的实时数据通过优化算法、调度算法等进行分析，动态规划最优路径，与快递员实时高效互动，即时上报配送中出现的问题，最后通过机器学习预测快递员的配送耗时。大数据平台会与企业的信息系统相融合，提供快递员与货主的精准画像，通过计算机识别技术录入物流信息进行派收货物，避免了人工输单可能导致的配送错误而造成时间和人力的不必要消耗。将取件码发送给用户，使信息递送的精准度变得更高，解决用户无法及时发现取件通知等问题，同时能让用户随时知晓包裹取件情况。人工智能还会根据任务的要求对大数据进行筛选分析，根据运力、车型、配送员的位置与空闲时间为配送员智能化地推荐任务。如顺丰智能穿戴设备（SF Wear）支持语音签收、导航等多种功能，利用智能设备辅助快递员，通过简单的线上操作快速完成收派工作，平均每单能节约 28 秒左右。智能穿戴设备（SF Wear）通过大数据使各种需要的运算和分析更加准确，例如位置地点、对路线进行优化等，在节省运输成本的同时提高了效率。

智慧仓储管理。21 世纪，当人力资源越发昂贵，全自动、高效率的智能管理仓库逐渐兴起。工人们不需要逐个搬运货物而是直接输入货品编号，由系统安排机器存放和寻找货物，实现智能化存取货。智能管理的模式使用户也能参与到商品的管理中来，通过网络实时监控货品的状态和位置。如菜鸟驿站，将代存的快递贴上条形码，并将条形码发给用户和仓库的计算机，实现智能的管理，让取快递的人更加快速便捷地找到快递，避免误发快递和方便仓库的整理。菜鸟智慧仓拥有上百台机器人，他们可以实现 500 ～ 1000 小时的无故障运营，既能协同合作又能独立运行。货架位置会根据订单动态调整，机器人也会就近调配，最大限度地保证了运作的效率。同时每台机器人可以提起近 500 公斤的重物并且还能灵活旋转，使仓储利用率提高一倍多，缺乏电力时还会自动归巢充电。这使仓储、调度、搬运全程无人操作成为可能。动力球分拣线新技术使得小包装、软质塑料袋包装都能分拣，并且反应速度快、分拣效率高，每小时分拣量能达到 5000 ～ 7000 件，能够利用更少的土地资源产生更多的效益。用仿生技术模拟人体研发的"机械外骨骼"，能助力保护快递员，增强肢体运动强度与耐力，增加工作强度搬运重物。

近年来，经济快速发展，生活节奏加快，促使物流行业蓬勃发展。"人工智能＋物流"作为新兴技术，成为物流行业发展的主流，对物流各个环节进行改善，降低成本提高效率。人工智能的融入，使得无人配送的应用更加广泛，提高了灵活性，降低了配送过程中的危险系数，减少了人力的使用，并且简化了偏远、封闭地区的运送。同时，"大数据＋算法"也能够预测耗时与抵达时间，选取效率最高的路线，节省物流成本，优化配送过程，还能够减少人力资源的浪费。智能化在物流行业的发展，也使得全自动高效率的智能管理化仓库逐渐进入生活的主流中，网络实时监控和"条形码"的使用，使得快递的收取运输过程更加智能高效，通过互联网服务，让信息传递更加精准，降低了快递的丢失率，配合无人机服务，提高了订单、货物配送效率，提升用户体验。

三、电子商务物流中区块链技术的革新应用

（一）区块链技术可提高物流信息的透明度和可追溯性

区块链技术作为一种分布式、去中心化的记录技术，正在被越来越多的行业所采纳，物流行业也不例外。区块链技术通过其独特的去中心化账本特性，能够在整个物流链中建立起一个高度透明和可信的信息记录与追踪系统。在物流领域应用区块链技术，意味着每一笔交易、每一个物流环节的信息都会被永久地、不可篡改地记录在区块链上，从而大大提高了物流信息的透明度和可追溯性。

区块链技术可以将物流过程中的关键信息，如货物的来源、运输路径、时间戳、温度记录、经手人员等，都加密并存储在链上。这些信息不仅对参与方公开可见，而且由于其去中心化和不可篡改的特性，保证了数据的真实性和可靠性。这意味着，无论是消费者、供应商，还是监管机构，都可以通过区块链轻松追踪到货物的完整历史和当前状态，从而有效减少欺诈和误解的风险。此外，区块链技术还支持智能合约的执行，这进一步增强了物流过程中的自动化和透明度。通过智能合约，各方可以在满足预定条件时自动执行相应的操作，如支付、交货确认等，这不仅减少了人为干预的可能性，还大大加快了物流流程。例如，一项使用区块链技术的海鲜供应链项目，就成功实现了从捕捞到销售的全程信息追溯。消费者只需扫描产品上的二维码，就能查看到海鲜的捕捞时间、地点、渔民信息、加工流程、质检报告等详细信息。这不仅增强了消费者对产品的信任度，也帮助企业在出现问题时迅速定位并解决问题。因此，区块链技术通过其去中心化、数据不可篡改和智能合约等特点，显著提高了物流信息的透明度和可追溯性，为物流行业的诚信建设和效率提高提供了有力的技术支持。

（二）区块链技术在防伪验证与智能合约物流结算中的应用潜力

区块链技术在防伪验证与智能合约物流结算中的应用潜力是巨大的。在防伪验证方面，区块链技术的去中心化、数据不可篡改等特性使其成为一种非常有效的防伪手段。

通过区块链技术，可以实现产品从生产、分销到销售的全过程信息追溯，确保数据的真实性和可信度。这种技术特别适用于高价值商品或需要严格监管的行业，如奢侈品、药品和食品等。在这些领域中，区块链技术可以帮助

消费者验证产品的真伪，避免购买到假冒伪劣产品，从而保护消费者的权益。区块链技术还可以与生物识别技术相结合，实现更加精准的身份验证和防伪目的。例如，在票务、身份证明等领域，通过指纹识别、虹膜扫描或人脸识别等技术手段，可以确保验证者的身份真实可靠，进一步提高防伪验证的准确性和安全性。

在智能合约物流结算方面，区块链技术也展现出了显著的优势。智能合约是一种自动化执行的合约，可以在不需要中介的情况下执行交易，并确保交易的可追踪性和安全性。在智能物流中，通过智能合约可以实现自动化的订单处理、货物跟踪、支付和结算等过程，这不仅可以减少中间环节的参与和干预，降低物流成本，还可以提高物流运作的效率和透明度。具体来说，区块链技术可以记录物流过程中的各种信息，如货物的运输状态、位置、温度等，并通过智能合约自动执行相应的操作。例如，当货物到达指定地点时，智能合约可以自动触发支付结算流程，确保货款及时准确地支付给货主和承运方。这种自动化的结算方式不仅提高了结算效率，还减少了人为错误和欺诈行为的风险。

区块链技术还可以提供物流供应链的溯源功能。通过记录物品从生产到销售的全过程信息，可以确保物品的来源和运输过程的可信度。这对于需要严格监管的行业来说尤为重要。例如，在食品安全领域，通过区块链技术可以追溯食品的原材料来源、生产过程、运输路径等信息，确保食品的安全性和可追溯性。总之，区块链技术在防伪验证与智能合约物流结算中的应用潜力是巨大的。

通过其去中心化、数据不可篡改和智能合约等特性，区块链技术可以提高防伪验证的准确性和安全性，实现自动化的物流结算过程，降低物流成本，提高物流效率。

电子商务物流行业展望与预测

　　高效、便捷与个性化服务正逐渐成为电子商务物流行业竞争的新焦点。为了满足现代消费者对于购物体验的更高要求，行业内企业正不断探索如何利用大数据、人工智能等前沿技术来优化服务流程。同时，随着绿色物流理念的兴起，如何在保证服务效率的同时，降低对环境的影响也成为行业面临的重要课题。此外，跨境电商物流的崛起为行业带来了新的增长点，但也随之带来了跨文化交流、海关清关等多方面的挑战与机遇。可以说，电子商务物流行业的未来将是一个多元化、复杂化的发展过程。

一、电子商务物流的绿色与可持续发展

（一）绿色环保理念在电子商务物流领域的发展策略

　　政府作为经济发展的重要引导者，应该针对绿色物流的发展制定较为详细的法律法规体系，出台税收优惠、补贴等政策性文件，鼓励企业研发绿色物流相关技术，激励消费者参与到废弃物回收活动中。

　　加大监管力度，建立监管机制，不仅能发挥政府的公权力，还能充分借助行业协会、民众的力量对企业行为进行监督，当企业为了获得更多的绿色物流财政补贴或优惠，而利用信息不对称报送虚假信息时，会受到更大力度的处罚，确保政府的资金投入可以用到实处，推动绿色物流取得实质性发展。在全社会范围内，应利用报纸、电视、微博等各类媒体，加强对绿色物流相关知识的宣传，使消费者了解绿色物流对社会、经济可持续发展的重要意义，在日常生活中可以自觉使用环保产品，主动进行垃圾分类，支持和参与废弃物回收物流系统的建设。

　　在包装材料方面，应该尽可能地使用可降解和可回收利用的材料，并建立有效的回收体系，提高包装的回收使用率。包装最核心的功能在于收纳和保护商品，因此，在满足保护商品质量不受损的情况下，应该尽可能地减少额外包装的使用。对于装饰性包装，可以作为增值性服务来提供。当顾客出

于送礼等原因需要使用更优质华丽的包装时，可以选择支付更多的金钱来购买额外的包装。此外，在包装印刷时，还可以使用环境友好型的材料进行印制。

对于电商企业来说，可以选择自建物流系统或者使用第三方物流系统进行货物的运输。自建物流的好处在于，企业可以自主控制整个物流过程，根据顾客或企业自身的需要，灵活机动地协调物流活动，同时，可以更好地保护商业机密。自建物流体系通过提供更优质、更有针对性的服务，也可以作为一种营销的手段，提升企业自身的品牌价值。自建物流的缺点在于所需要的成本较高，可能发生入不敷出的情况，同时由于物流管理有着很强的专业性，电商企业自身并没有足够的能力对物流平台进行管理。使用第三方物流的优点在于，企业可以将主要精力和资金都放在自己的主营业务上，并且第三方物流公司作为企业的合作伙伴，会愿意与企业共同抵御一些风险。使用第三方物流的缺点在于，电商企业的公司战略以及客户信息有外泄的风险，并且电商企业也很难干预第三方物流的活动，电商企业不能及时对顾客的需求做出反馈，导致服务水平降低。因此，电商企业应综合考虑自身在人力、物力、财力等方面的能力，在自建物流系统的同时，也灵活借助第三方物流平台，使自身资源和第三方资源都能得到合理的利用，避免资源的浪费，满足绿色物流的发展需要。

绿色物流的发展应该借鉴共享经济发展模式，多个企业共同使用公共的配送渠道、设施，减少基础设施的重复建设，降低设施的空闲率，从而在社会整体层面上实现资源的充分利用，避免浪费。具体来说，可以从三个方面着手：一是多家电商企业选择同一个第三方物流来进行共同的配送，这样形成的规模效应可以极大地降低配送成本，使各方共同受益；二是建设智能快递柜或共享收货站，快递员将包裹送到客户地址附近后，将包裹放入快递柜或者收货站，系统向客户发送收货短信，由客户自主选择合适的时间去取件，这就实现了时间成本的节约；三是利用共享汽车，各地的公共汽车、地铁等交通设施，都会有一定的闲置期，如果可以将公共汽车、地铁也作为电商包裹的配送工具，可以降低配送成本。现在共享汽车模式已经有了较成熟的发展，共享汽车的业务范围基本可以覆盖一个城市的所有区域，如果可以建设一个数据交互平台，使共享汽车车主在运送客人的同时，将顺路的电商包裹进行配送，既可以增加车主的收入，也可以提高终端配送的效率，节约社会资源。

政府与企业应该联手合作，及时淘汰陈旧的物流设备、设施，使用先进的技术和设备提高物流活动的效率。在建设物流园区时，应注重长远规划，所选取的园区位置要与不同类型的交通网络相连接，便于多式联运的开展。同时要与其他物流园区相互协调，共同满足区域内的配送需求。政府还应该积极推动废弃物回收物流体系的建设，安装回收设施，建立公共的回收场所。在电子商务物流的各个环节，应尽可能地使用新能源运载工具，这也需要政府政策的辅助性支持，在购置、维护等方面给予补贴、优惠政策，并加强加快充电桩等配套设施的建设。在物流企业办公区域、物流园区的建设中，也要全面推进绿色能源的使用，达到节能减碳的效果。重视绿色物流相关人才的引进和培养，注重专业团队的组建，并对绿色物流的技术研发给予足够的重视和物质保障。

在学校教育中，需要借鉴国际上先进国家的经验，明确绿色物流人才所需要具备的具体知识、能力要求，再结合我国实际情况，建设相应的课程体系，还要加强对学生实际操作能力的培养，强化学生的绿色环保意识。同时，要积极建设各种类型的在职培训活动，让处在物流行业一线的工作人员具备足够的绿色物流意识和知识储备。在经历了经济的高速发展之后，无论是中国还是国际社会，都对经济活动的绿色环保提出了更多、更高的要求。

推进绿色物流在电子商务领域的发展，不仅有利于社会经济的可持续发展，还可以节约资源消耗，提高企业效益，有利于企业获得国际竞争优势。而绿色物流的建设是一项持续性的系统性工程，并不是靠单一的企业能够完成的，因此，应加强绿色物流理念的宣传，用政策、法律法规作为引导，完善基础设施建设，借助政府、电商企业、物流企业和消费者共同的参与和支持，最终实现电商物流的绿色化发展目标。

（二）未来绿色包装、低碳配送技术的发展趋势

随着人们环保意识的增强，越来越多的企业将选择使用可降解、可回收的包装材料。例如，纸制品包装由于其易回收、可降解的特性以及良好的印刷性能，将成为未来绿色包装的重要选择。可再生和可循环再利用的包装材料，如木材、竹编材料等，也将在包装行业中占据一席之地。为了降低资源消耗和碳排放，包装设计的简约化和轻量化将成为必然趋势。企业将通过优化包装设计，减少不必要的材料使用，同时保持包装的功能性和美观性。借助物联网、大数据等技术，智能包装将成为可能。这类包装可以实时监测产品的状态，如温度、湿度等，并提供必要的信息给消费者，以确保产品的质量和安全。

为了降低配送过程中的碳排放，新能源车辆，如电动车、氢能源车等将

逐步替代传统的燃油车辆。这些新能源车辆不仅环保，而且运营成本更低。通过引入先进的物流管理系统和智能化技术，企业可以更加精确地预测货物需求和运输时间，从而优化配送路线和策略，减少空驶和绕行，降低碳排放。在仓储环节，企业将采用更环保的制冷和照明系统，以及高效的货物存储和检索系统，以降低能耗和减少浪费。通过建立完善的回收和再利用体系，实现包装物、废旧物品等的回收利用，从而降低能源消耗和废弃物产生。未来绿色包装和低碳配送技术的发展将更加注重环保、效率和可持续性。这些趋势不仅有助于保护环境、降低碳排放，还能为企业带来经济效益和社会效益。

二、电子商务物流的个性化与定制化服务

（一）消费者对个性化物流服务的需求及其市场潜力

在现代物流市场中，消费者对个性化物流服务的需求正逐渐成为一种趋势，这种趋势背后蕴含着巨大的市场潜力和商业机会。物流服务，曾经被视为简单的货物运输，如今已经演变成了一种综合性的服务体验，涵盖了从商品选购、下单支付到最终送达消费者手中的每一个环节。消费者对个性化物流服务的需求体现在多个层面。

服务内容的定制化。不同消费者有着不同的购物习惯和需求，一些人可能更倾向于选择晚上或周末收货，以适应他们的工作和生活节奏；另一些人可能对商品的包装有特殊要求，比如礼品包装或是环保包装，这不仅能够满足他们的审美需求，也体现了他们的环保理念。因此，物流服务提供商需要具备高度的灵活性和应变能力，以满足这些多样化的需求。除了服务内容的定制化，物流速度和配送范围也是消费者关注的重点。在快节奏的生活环境中，消费者对于快速、准确的配送服务有着极高的期待。他们希望能够尽快收到购买的商品，而且配送地点不再局限于传统的家庭住址，可能还包括办公地点、临时收货点等。这就要求物流服务提供商具备高效的配送网络和先进的技术支持，以确保货物能够在最短的时间内准确送达。价格因素在个性化物流服务中也扮演着重要角色。消费者对于物流费用的敏感度越来越高，他们希望在享受高品质物流服务的同时，也能够控制成本。因此，物流服务提供商需要在保证服务质量的前提下，通过合理的定价策略和优惠活动来吸引消费者。

在包装方面，越来越多的消费者开始关注包装的环保性。他们更倾向于选择使用可降解、可回收的包装材料，以减少环境负担。这也为物流服务供

应商提供了新的商业机会，通过采用环保包装材料和创新的设计理念，不仅可以满足消费者的环保需求，还能提升企业的品牌形象和社会责任感。个性化物流服务的市场潜力不容忽视。电商行业的蓬勃发展，导致传统的物流服务务已经无法满足消费者日益多样化的需求。提供个性化的物流服务，不仅可以提升消费者的购物体验，还能帮助企业在激烈的市场竞争中占据有利地位。通过深入了解消费者的喜好和需求，企业可以开发出更加精准、高效的服务模式，从而建立起稳固的客户关系并提高客户满意度。

个性化物流服务还有助于提高企业的运营效率和管理水平。借助先进的物流管理系统和智能化技术，企业可以实时监控货物的运输状态、优化配送路线并减少浪费。这不仅可以降低运营成本、提高服务质量，还能为企业的可持续发展奠定坚实基础。要实现个性化物流服务并不是一件容易的事情。它需要企业具备强大的资源整合能力、技术创新能力和市场洞察能力。同时，企业还需要与消费者建立良好的沟通机制，及时了解和响应他们的需求变化。只有这样，企业才能在激烈的市场竞争中立于不败之地并实现可持续发展。

（二）定制化配送时间、包装服务等创新点的未来发展

定制化配送时间和包装服务作为物流行业的创新点，其未来发展将围绕客户需求、技术革新和行业趋势展开。这些创新不仅能提高物流服务的质量和效率，还将为企业带来新的商业机会。

定制化配送时间将成为未来物流服务的主角。随着消费者对购物体验要求的提高，他们更加希望能够在自己方便的时间接收货物。因此，物流服务提供商就需要开发更加智能的配送系统，以满足消费者对配送时间的个性化需求。例如，通过利用大数据和人工智能技术，物流企业可以预测消费者的收货时间和地点，从而提供更加精准的配送服务。此外，为了满足消费者的紧急需求，一些企业还可能提供"即时配送"或"指定时间配送"等高端服务。

在实施定制化配送时间的过程中，无人机和自动驾驶车辆等新技术不仅可以提高配送的准确性和效率，还能降低人力成本。例如，无人机可以在特定时间将货物准确送达消费者手中，而自动驾驶车辆则可以在夜间或交通拥堵时段进行配送，从而避开高峰时段，提高配送效率。包装服务的定制化也将成为未来物流行业的一个重要趋势。随着消费者对环保和个性化的关注增加，他们对于产品包装的要求也在不断提高。

定制化包装不仅可以满足消费者的审美需求，还能体现企业的品牌形象

和环保意识。为了实现定制化包装，企业需要采用先进的印刷和包装技术，以及可回收、可降解的环保材料。例如，通过3D打印技术，企业可以为消费者提供独一无二的定制化包装；而利用生物降解材料制作包装，则可以减少对环境的污染。智能包装技术也将在未来得到更广泛的应用。通过在包装中嵌入传感器和标签等技术，企业可以实现对货物的实时监测和追踪，确保货物在运输过程中的安全和质量。这种智能包装技术还可以为消费者提供更加便捷的物流信息查询服务。在定制化配送时间和包装服务的推动下，物流行业将迎来更加广阔的发展空间。这些创新点不仅可以提高消费者的购物体验，还将为企业创造更多的商业机会。

要想实现这些创新，企业就必须不断加大技术研发投入，加强与供应链合作伙伴的协同合作，并持续关注市场动态和消费者需求的变化。当然，政府和相关机构也需要为物流行业的创新发展提供有力的政策支持和监管保障。通过制定合理的法规和标准，推动行业内的技术创新和模式创新，促进物流行业的健康发展。

三、电子商务物流的法规与政策环境

（一）未来电子商务物流法规的可能变化

未来电子商务物流法规的可能变化，将受到多方面因素的影响，包括物流行业的快速发展、消费者需求的不断变化以及政府对于行业规范化的要求。随着电子商务和物流行业的飞速发展，政府将更加重视物流行业的规范化管理。因此，未来可能会出台更为详细和严格的物流法规，以确保行业的公平竞争和消费者的权益。这些法规可能会涉及物流企业的资质认证、服务标准、投诉处理机制等多个方面，从而提高整个物流行业的服务质量和配送效率。消费者对于物流服务的期望和要求也在不断提高，这将促使政府出台更多保护消费者权益的法规。例如，可能会出台更严格的退换货政策、商品质量保证政策以及配送时间保证等，以满足消费者对高品质物流服务的需求。同时，政府也会加强对物流企业的监管，确保其遵守相关法律法规，从而为消费者提供更加安全、可靠的物流服务。随着跨境电商的兴起，国际物流法规的协调和完善也将成为未来的一个重要方向。政府可能会加强与其他国家和地区的合作，共同制定国际物流标准和规范，以促进跨境电商的健康发展。这些法规可能会涉及关税、税收、检验检疫等方面，以确保跨境电商的合规运营和消费者权益的保障。

随着环保意识的增强，政府可能会出台更多关于绿色物流的法规，鼓励物流企业采用环保材料、节能设备和清洁能源等，以减少物流活动对环境的影响。例如，会设立绿色物流标准，对达到标准的企业给予一定的政策优惠和扶持。随着物流行业信息化程度的提高，数据保护和个人信息隐私安全问题也日益凸显。政府会出台更严格的数据保护和隐私安全法规，要求物流企业加强数据安全管理，确保消费者个人信息的安全性和保密性。而随着人工智能、自动化等技术的不断发展，物流行业也正迎来智能化和自动化的浪潮。政府会出台相关法规来规范和引导这些技术在物流领域的应用，确保其安全性和有效性。同时，也会设立相应的监管机构来监督这些技术的使用情况，以防止技术滥用和不当竞争。随着物流行业的快速发展，劳动争议和劳动保护问题也日益突出。政府会出台更完善的劳动争议解决机制和劳动保护法规，以保障物流从业人员的合法权益和福利待遇。例如，可能会设立最低工资标准、加强工伤保险制度等。

未来电子商务物流法规的变化将涉及多个方面，包括行业规范化管理、消费者权益保护、跨境电商合作、绿色环保、数据保护和隐私安全、智能化和自动化技术的应用与监管以及劳动争议和劳动保护等。这些法规的变化将促进物流行业的健康发展，提高服务质量和效率，并时将为消费者提供更加安全、可靠、高效的物流服务。

（二）这些变化对电子商务物流行业发展的潜在影响

未来电子商务物流法规的可能变化对电子商务物流行业发展的潜在影响深远且多方面。

行业规范化与竞争格局会进行重塑。更为严格的物流法规预示着行业将朝着更加规范化的方向发展。这不仅是简单的法规遵从问题，更是行业自我提升、自我完善的过程。随着法规的逐步落实，那些不具备相应资质或服务质量不佳的物流企业将面临巨大的生存压力，甚至可能被淘汰出局。这样的规范化进程，无疑会提高整个电子商务物流行业的服务水准和竞争力。

在规范化的市场竞争中，优质企业将有机会脱颖而出，通过提供高品质、高效率的物流服务来赢得市场份额。而那些无法适应新法规、新环境的企业，则可能面临被边缘化的风险。这样的竞争格局重塑，将有助于推动电子商务物流行业的整体进步。

消费者权益保护与信任的建立。消费者权益保护法规的加强，将极大地提升消费者对电子商务物流的信任度。明确的退换货政策、商品质量保证以及配送时间保证等规定，将使消费者在购物过程中更加放心、安心。这种信任的建立，对于电子商务物流行业的发展至关重要。在消费者信任的基础上，电子商务交易量有望实现大幅增长。这不仅会带动物流行业的繁荣发展，还将进一步推动整个电子商务生态系统的良性循环。同时，满意的消费者更有可能成为企业的忠实拥趸，通过口碑传播吸引更多的新客户，从而为企业带来更大的商业价值。

跨境电商与国际合作的机遇。跨境电商法规的逐步完善，使得国内外市场的对接将变得更加顺畅。这为物流企业开拓国际市场提供了难得的法律保障和机遇。在法规的引导下，物流企业可以更加自信地走出国门，参与到全球贸易的大潮中去。国际物流标准的协调一致将极大地降低跨境交易的成本和风险。这不仅有助于推动全球贸易的进一步发展，还将为电子商务物流行业带来更多的国际合作机会。通过与国际同行的交流与合作，物流企业可以学习到更先进的管理理念和技术手段，从而不断提升自身的核心竞争力。

对绿色环保与可持续发展的推动。绿色物流法规的推出将鼓励企业积极采用环保材料和节能技术来降低物流活动对环境的影响。这不仅有助于提升企业的环保形象和社会责任感，还将推动整个行业朝着更加绿色、可持续的方向发展。从长期来看，绿色环保要求将促使企业不断创新和研发更环保的物流解决方案。这不仅有助于企业在激烈的市场竞争中占据有利地位，还将为整个社会的可持续发展作出积极贡献。消费者环保意识的不断增强，对于那些能够在环保方面作出表率的企业将更有可能赢得消费者的青睐和信任。物流法规的变化对数据安全与隐私保护的重视也是至关重要的。

在数字化时代，加强数据保护和隐私安全的法规将确保消费者的个人信息得到充分的保护。这对于建立消费者对电子商务物流的信任至关重要。只有当消费者确信他们的个人信息不会被滥用或泄漏时，他们才会更加放心地使用电子商务物流服务。对物流企业而言，合规性的数据管理和保护措施将成为其核心竞争力之一。通过建立健全的数据安全管理体系和隐私保护机制，企业可以赢得消费者的信任和忠诚。这种信任不仅有助于企业树立良好的品牌形象和口碑效应，还将为企业带来更多的商业机会和市场份额。此外还可推动智能化与自动化技术的应用与发展。

智能化和自动化技术在物流领域的应用将大大提高物流效率和准确性。相关法规的出台将规范和加速这些技术的应用进程，为电子商务物流行业的发展注入新的动力。通过引入先进的智能化技术，如人工智能、大数据分析等，物流企业可以优化配送路线、提高仓储管理效率以及实现更精准的货物追踪等功能。这将极大地提高物流服务的质量和效率，并降低运营成本。同时，自动化技术的应用也将减少人力成本、减少人为误差并提高工作效率。随着技术的不断进步和创新，人们有理由相信未来的电子商务物流行业将变得更加高效、便捷和智能化。这不仅将为企业带来更多的商业机会和竞争优势，还将为消费者提供更好的购物体验和满意度。

在劳动保护与人才队伍的稳定方面。完善的劳动保护法规将切实保障物流从业人员的权益和福利待遇。这不仅有助于提高员工的工作满意度和忠诚度，还将为企业打造一支稳定、高效的人才队伍奠定基础。在竞争激烈的市场环境中，拥有一支高素质、稳定的员工队伍是企业持续发展的关键所在。通过提供合规的劳动保障措施，如合理的薪酬待遇、安全的工作环境以及良好的职业发展机会等，企业可以吸引并留住更多的优秀人才为其效力。这将为企业的长远发展提供有力的人才保障和支持。而稳定的员工队伍也有助于提高企业的服务质量和效率，从而赢得更多的市场份额和客户信任。

参考文献

[1] 刘殊舸 . 物流运输企业的成本费用管控 [J]. 纳税，2024，18（1）：106-108.

[2] 王宁 . 供应链协同技术创新与企业绩效关系的实证研究 [J]. 科学决策，2023（10）：253-278.

[3] 阚勤 . 电子商务时代企业供应链管理探究 [J]. 中国储运，2024（4）：206-207.DOI：10.16301/j.cnki.cn12-1204/f.2024.04.084.

[4] 谭新明 . 信息技术在供应链中的应用探析 [J]. 无线互联科技，2021，18（20）：56-57.

[5] 蔡国平 . 云计算技术及其在电子商务物流中心设计与运行中的应用 [D]. 五邑大学，2012.

[6] 崔珊珊 . 电子商务支付流程优化新形势 [J]. 现代经济信息，2009（2）：122-123.

[7] 缪文清 . 快递企业配送成本管理研究 [J]. 经营管理者，2021（6）：72-73.

[8] 钱珊，周佳 . 电子商务环境下的企业库存商品管理研究 [J]. 湖北工业职业技术学院学报，2016，29（1）：70-73.

[9] 亓秀昌，魏洪标，李传龙 .RFID 电子标签技术的研究 [J]. 标签技术，2023（5）：34-39.

[10] 赵奥全，郑慧言，王卉 .GPS 和 GIS 技术在物流系统中的应用 [J]. 中阿科技论坛（中英文），2021（5）：26-28.

[11] 杨军 . 物流仓库规划和设计问题研究 [J]. 企业改革与管理，2014（10）：118-119.

[12] 陈晓莺，许胜飞 . 智能仓储物流管理系统的设计与应用研究 [J]. 物流研究，2023（2）：64-69.

[13] 陈艳 . 基于 RFID 的仓储自动化与智能化技术应用 [J]. 黑龙江科学，2024，15（4）：66-69.

[14] 刘咏梅，李健 . 仓储成本管理与控制 [J]. 企业导报，2011（1）：94-95.DOI：10.19354/j.cnki.42-1616/f.2011.01.056.

[15] 魏晓梅 . 物流网络研究综述 [J]. 中小企业管理与科技（上旬刊），2014（7）：314.

[16] 全权 . 基于网络经济模型物流网络的效率及成本把控分析 [J]. 全国流通经济，2021（31）：22-24.

[17] 刘斌 . 物流网络优化设计 [J]. 物流科技，2011，34（1）：136-138.

[18] 赵文娟 . 各种运输方式技术经济特点比较 [J]. 合作经济与科技，2017（3）：38-39.DOI：10.13665/j.cnki.hzjjykj.2017.03.017.

[19] 陈明非，刘艳秋，孙琦，等 . 基于协同优化的多式联运问题现状与启示 [J]. 产业与科技论坛，2021，20（6）：221-223.

[20] 原方方 . 试论我国多式联运的发展现状及应对对策 [J]. 科技视界，2020（24）：140-141.

[21] 郑炀毅 . 浅谈电子商务环境下物流"最后一公里"配送中的问题与对策 [J]. 河南机电高等专科学校学报，2019，27（2）：42-43.

[22] 郑炀毅 . 基于未来生活方式的物流——关于"最后一公里"配送设想 [J]. 佳木斯职业学院学报，2018（5）：441+443.

[23] 曾军，姚庆国 . 新物流"最后一公里"配送模式优化 [J]. 物流工程与管理，2020，42（3）：96-98.

[24] 张江霄，党莹，冯春辉 . 大数据时代下"城市最后一公里"问题的分析及研究 [J]. 邢台职业技术学院学报，2019，36（2）：68-70.

[25] 程曦，李璐，曾晓晴 . 提高"最后一公里"配送效率的策略研究 [J]. 营销界，2019（25）：89+91.

[26] 骆锦华，王锋，胡慧 . 运输配送跟踪技术探究 [J]. 物流工程与管理，2019，41（10）：86-87.

[27] 林荣存 . 物流企业成本分析与控制研究 [D]. 青岛：山东科技大学，2008.

[28] 濮小金 . 浅析现代物流与电子商务的融合模式 [J]. 现代商业，2010（5）：206-207.

[29] 别慧玲.浅谈电子商务与物流的融合与发展 [J].明日风尚，2019（9）：172.

[30] 任红.电子商务时代的物流发展趋势及策略研究 [J].物流技术，2014，33（23）：58-59+68.

[31] 赵彦龙.电子商务中消费者隐私权保护对策 [J].人民论坛，2010（23）：116-117.

[32] 王飞.数字化背景下供应链运营管理探究 [J].中国物流与采购，2024（2）：75-76.

[33] 苏靖贻.供应链管理环境下如何找到合适的供应商 [J].中国商界，2024（2）：72-74.

[34] 蒋帅臣.浅析物联网技术在仓库智能管理中的应用 [J].企业科技与发展，2019（6）：160-161.

[35] 沈逸飞，朱真逸，王逸飞，等."人工智能 + 物流"中智能配送与管理的应用 [J].科技风，2021（8）：74-75.DOI：10.19392/j.cnki.1671-7341.

[36] 常河山.无人机配送，将如何重塑物流业未来？ [N].现代物流报，2022-07-04（A04）.

[37] 宋作玲，孙慧.虚拟和增强现实技术在物流专业实践教学中的应用研究 [J].物流工程与管理，2022，44（2）：181-183.

[38] 蔡健.跨境电子商务物流模式创新与发展趋势 [J].营销界，2021（5）：67-68.

[39] 高思远.绿色物流在电子商务领域的发展策略 [J].中国市场，2022（35）：171-173.

[40] 施丽.新时期物流企业成本会计核算的优化对策[J].中国物流与采购，2023（5）.

[41] 李泽雨.物流企业的成本分析和控制对策——以圆通公司为例［J］.现代营销：下，2023（4）.

[42] 钟福英，王子敏.我国物流企业成本精细化管理存在问题及对策［J］.物流科技，2023（16）.

[43] 刘栗斌.现代物流企业管理和成本控制协同发展研究［J］.中国储运，2023（10）.

[44] 王岭术，杜昕芮.中小物流企业物流成本管理路径探索与优化［J］.中小企业管理与科技，2023（19）：80-82.

[45] 戚玉婷 . 陕西省中小物流企业网络化发展问题研究 [D]. 西安：长安大学，2009.

[46] 周见涵 . 电子商务视角下的供应链及物流配送管理分析 [J]. 中国航务周刊，2023（41）：57-59.

[47] 贺琳 . 基于电子商务环境的供应链物流管理与配送分析 [J]. 物流科技，2023，46（8）：94-96，104.

[48] 饶培俊 . 电子商务环境下供应链管理与物流配送管理研究 [J]. 中国管理信息化，2022，25（13）：89-91.

[49] 刘英，于若冰 . 基于电子商务环境的供应链物流管理与配送研究 [J]. 中国物流与采购，2022（10）：88-90.

[50] 李琴，潘文军 . 生鲜产品电子商务与物流配送协同化平台构建 [J]. 商业经济研究，2021（16）：90-93.

[51] 周见涵 . 电子商务视角下的供应链及物流配送管理分析 [J]. 中国航务周刊，2023（41）：57-59.

[52] 贺琳 . 基于电子商务环境的供应链物流管理与配送分析 [J]. 物流科技，2023，46（8）：94-96，104.

[53] 饶培俊 . 电子商务环境下供应链管理与物流配送管理研究 [J]. 中国管理信息化，2022，25（13）：89-91.

[54] 刘英，于若冰 . 基于电子商务环境的供应链物流管理与配送研究 [J] 中国物流与采购，2022（10）：88-90.

[55] 李琴，潘文军 . 生鲜产品电子商务与物流配送协同化平台构建 [J]. 商业经济研究，2021（16）：90-93.

[56] 谭新明 . 信息技术在供应链中的应用探析 [J]. 无线互联科技，2021，18（20）：56-57.

[57] 史艳红 . 信息技术在供应链管理领域运用状况和价值评价研究 [J]. 物流工程与管理，2011（10）：84-86.

[58] 赵丽娜，李培亮，代丽 . 供应链中信息共享问题的相关探讨 [J]. 中国商贸，2011（6）：182-183.

[59] 王莺，李军，贺盛瑜 . 生产成本信息不对称条件下的供应链决策分析 [J]. 商业时代，2011（4）：17-18.

[60] 广东省科技计划项目：智能交通诱导系统及相关车载终端产品的研发（项目编号：2006B12701002）.

[61] 广东省白科博士启动：面向移动商务的增强现实推荐模型与算法研究（项目编号：10452902001004947）.

[62] 广东省科技计划项目：虚实融合的 3G 音视频协同工作环境关键技术与系统研发（项目编号：2010B090400136）.

[63] 文蓉.电子商务中应用的第三方支付，消费导刊，2008.

[64] 孙艳斌.论新型在线支付方式——第三方支付，科技博览，2007.2

[65] 钟红山.电子商务支付流程优化设计，商业时代，2007.32.

[66] 孙超.第三方支付是电子商务的助推器，湖北职业技术学院学报，2006.3.

[67] 陈力行，关于第三方支付模式的探讨，商场现代化，2006.8.

[68] 杨坚争，电子商务基础与应用 D0[M].西安：西安电子科技大学出版社，2007.

[69] 陈媛嫌，国内在线支付的发展状况与存在问题的分析，商业现代化，2006.3.

[70] 骞西昌，浅谈电子商务网上支付，经济师，2005.7.

[71] 毛茜雅，肖金花，周晓江.村级末端物流配送服务模式优化研究 [J].中国商论，2021（2）：20-21.

[72] 莫月香.地市级烟草物流配送成本优化策略探讨 [J].企业改革与管理，2021（1）：145-146.

[73] 刘鲁媛.基于成本管理视角下我国蔬菜冷链物流配送过程中的因素分析 [J].新经济，2015（29）：37.

[74] 杨刚.浅论基于价值链的战略物流成本管理 [J].科技经济导刊，2020，28（20）：240.

[75] 朱涵钰.浅析我国零售业物流成本管理的问题与对策——基于沃尔玛的成功经验 [J].现代商业，2014（26）：18-19.

[76]Chiang W.and G.E.Monahan.Managing inventories in a two-echelon dual-channel supply chain[J].European Journal of Operational Research，2005，162（2）：325-341.

[77]T.Boyaci.Competitive stocking and coordination in a multiple-channel distribution system[J].IIE Transactions，2005，37（5）：407-427.

[78]Steven A L，Kevin F M.The competitive newsboy[J].Operations Research，1997，45（1）：54-65.

[79]Birendra K Mishra and Srinivasan Raghunathan.Retailer-vs managed inventory and brand competition[J].Management Science，2004，50（4）：445-457.

[80]Thiam Hui Lee.Essays on Inventory Management and Object Allocation[D]. COLUMBIA UNIVERSITY，2012.

[81]Harish Patil and Brig.Rajiv Divekar Harish Patil and Brig.Rajiv Divekar Inventory Management Challenges For B2C Ecommerce Retailers[J].Procedia Economics and Finance，2014（11）：561-571.

[82] 毛维筠 . 基于网络平台的电子商务与会计运作模式 [J]. 生产力研究，2011（4）：200-201.

[83] 李庆艳，金铎，等 . 移动电子商务发展趋势探讨 [J]. 电信科学，2011（6）：6-13.

[84] 韩小改 . 大数据时代电子商务物流信息反馈机理研究 [J]. 江西社会科学，2014（8）：232-235.

[85] 李秀丽 . 谈电子商务环境下的供应链联合管理问题 [J]. 商业时代，2014（27）：39-40.

[86] 夏立水 .AG 电子商务公司库存管理的研究 [D]. 上海：华东理工大学，2012.

[87] 闻竹 . 探析物流对电子商务的影响 [J]. 商场现代化，2014（2）：53-54.

[88] 王娟娟，电子商务时代的物流发展分析 [J]. 中国流通经济，2014（3）：54-59.

[89] 孟卫平 .GIS/GPS 技术在云物流信息系统的应用研究 [J]. 电子设计工程，2016，24（15）：93-94+98.

[90] 岳军红，王晓东，刘军峰 .GIS 技术在物流信息系统中的应用探析 [J]. 信息系统工程，2019（2）：22.

[91] 任枫 . 基于 GIS 在物流运输管理系统中的应用分析 [J]. 计算机产品与流通，2019（1）：157+171.

[92] 程艳，王性猛 .GPS 技术与北斗导航技术在现代物流中的应用 [J]. 电子元器件与信息技术，2020（1）：29-30.

[93] 王立民，李丛新，牟晓娜 .GPS 在中小型物流公司中的应用及研究 [J]. 现代农业研究，2018（7）：77-78+72.

[94] 陈杰，屠梅曾，孙大宁 . 生态型供应链的设计及其管理 [J]. 工业工程与管理，2012，（3）：10-12.

[95] 杨华俊 . 加强企业物流资源整合再造企业物流流程 [J]. 福建行政学院福建经济管理干部学院学报，2013（9）：46-49.

[96] 王微 . 中国物流产业适应现代信息技术发展的对策 [J]. 财贸经济，2003（1）：76-79.

[97] 李海臣 . 物流仓库规划和设计问题研究 [J]. 科技向导，2010，2（4）：68-70.

[98] 王昌，陈志武，王树良，等 . 智能仓储管理系统关键技术的研究 [J]. 电子技术与软件工程，2021（22）：182-184.

[99] 张欣 . 智能仓储系统关键技术研究与应用 [D]. 上海：东华大学，2012.

[100] 冯沛珍 . 智能仓储物流管理平台的设计与实现 [J]. 中小企业管理与科技（中旬刊），2021（12）：182-184.